The captivating writing

SNS 惹《ひ》きつけライティング

ぱる出版

はじめに

ＳＮＳを開けばキラキラした生活をした人たちの写真だらけ。ある人はハイブランドの物に囲まれ、ハイクラスの場所での時間を満喫している様子。また別の人は、自由に、好きな時に好きな場所で働き、好きなことをしている様子。

「私もこんな風に、自由にお金を稼げるようになりたい！」

そう思って配信を始めたけれど、まったくと言っていいほど、成果が出ない……。

「思っていたよりも、甘い世界じゃなかった」

こんな風に悩んでいませんか？

初めまして。私は現在アメブロをメインに、ＳＮＳを使ったライティング・集客、別事業でＰＲ業をさせていただいている、荒井あずさと申します。起業当初は成果が出ずに悩んでいた私も、お客様の心を惹きつけるライティング術を編み出してからは、たった1年で年商1000万円を超えました。ありがたいことに、現在ではアメブロのフォロワー数も1万人を超え、そのメソッドを伝える講座は大変なご好評をいただいています。
肩書きだけを見たらすごい人に思っていただけることもありますが、そこは6歳になる娘がいる一児の母。毎日ママチャリで髪の毛をボサボサにしながら「早くして〜〜〜!!」としか言っていないような、どこにでもいる普通の人間です。

実は、冒頭に書いたのは、昔の私のことです。
娘が産まれた6年前は、起業ブームが起き始めていた頃。SNSを開けば、起業してキラキラしている人たちで溢れていました。

「私もこんな生活をして、通勤時間もいらない、天気が悪くても関係ない、子どもが体調を崩すたびに申し訳ない気持ちで連絡する必要もない働き方がしたい！ライフスタイルに合わせて働ける環境にしたい！」

そんな思いからこの世界に入ったものの、最初は投稿しても投稿しても無収入……。

私の場合は、起業を目指したときから起業塾に入って学んでいたのに、全く見えない成果に「毎日配信して、言われたこともやっているのに、なぜ私は売れないのだろう……あと何を足せば私は売れるのだろう」とずっと悩んでいました。そこから抜け出せた方法を、これから本書であますことなくお伝えしていきます。

正直にお伝えすると、この6年の間に、SNSの集客はどんどん難しくなっていますし、今後もますます難しくなっていくでしょう。6年前は投稿し続ければ売れたジャンルも、一度売れれば波に乗れた業種も、昔と同じようにやっているだけでは売れなくなってしまいました。

ライバルは毎日どんどん増え、同じような投稿で溢れている現代。**私たち側も差別化しにくくなっていますが、お客様側もどれを選んでいいのか分からない**のです。

今後もいろんなSNSが開発されていく中で、時代とともに集客の方法も変わっていくでしょう。特にこのSNSの世界は流れが速いので、時代の流れから目を離せない業界とも言えます。

ただし、**どんな時代でも「コトバの力」は衰えない**と私は思っています。ＡＩが文章を作ってくれる時代になりましたが、感情を動かしながら書くことはできません。それができるのは、人間だけ。そしてその心の動かし方は、誰一人としてあなたと同じ人はいないのです。**情報に価値がなくなった時代だからこそ、あなただから、あなたの言葉で選ばれる。**そのために必要なことをこれからお伝えしていきます。実際にこれまでたくさんの生徒さん達が、このメソッドで売上を伸ばしてきました。

・初めての起業 ➡ 月商１００万超え　恋愛サポーター（東北在住　2児のママ）
・月商20万 ➡ 月商70万連続達成　ヒーリング講師（関東在住　副業から本業へ）
・最高月商２００万超え　起業コンサル（関西在住　2児のママ）
・半年で月商１５０万超え　心理系メンタルコーチ（関東在住　40代主婦）
・売上ゼロ ➡ キャンセル待ち状態　占い系セラピスト（九州在住　50代主婦）

そして次は、この本を手に取ってくださったあなたの番です。
さぁ、あなたがあなただから選ばれるコトバの世界へ進んでいきましょう！

SNS惹きつけライティング　もくじ

第1章　ただ配信しているだけでは集客できない時代になった

CONTENTS

第2章 ビジネス自分軸とブレないポジションを確立しよう

第3章

こんな人に囲まれたい！あなたにとって究極のお客様を設定しよう

CONTENTS

第4章 お客様がクリックしてしまうタイトル付けのコツをマスターしよう

第5章

1記事で圧倒的にお客様の心を惹きつける！5Stepライティング

CONTENTS

第6章 リスト配信のコツと募集・ノウハウよりもビジネスに大事なこと

装丁・イラスト　横井いづみ
本文デザイン・DTP　町田えり子
編　集　岩川実加

第1章

ただ配信しているだけでは集客できない時代になった

1

SNSはただ投稿しているだけでは集客できない時代になった

「パソコン1つで仕事ができるようになりたい！」

「好きな時に好きな場所で、誰にも縛られず、自由に仕事をして収入を得られるようになりたい！」

SNSが生活の一部になってから、パソコン1つで自分にできることを活かし、収入に繋げたいという方が爆発的に増えています。

SNSを開けば、

- 自由なライフスタイルを手に入れよう！
- 主婦でも自宅で簡単にできる！

・資格も経験も不要！

といった広告が溢れ、華やかな憧れのライフスタイルを見せることでブランディングに繋げている人もたくさんいらっしゃいます。

私がこれまでご相談いただいた方々も、

・もともとコミュニケーションが苦手
・会社の人間関係に疲れてしまった
・子どもが体調を崩すたびに会社に迷惑をかけていて肩身が狭いから自宅で働きたい
・働きたくても家族の時間に合わせると働く時間がない
・もっと大きく稼いでみたい

など理由はさまざまですが、どの方も「現状を変えたい」「もっと良い未来にしていきたい」、そんな熱い想いを持ってSNSを使ったビジネスへの道に進んでいます。

かくいう私も、「不妊治療をしてやっと授かった子どもとの時間を大事にしたい」「待機児童で幼稚園までの3年間が無収入のままではキツイかも」、そう思っていたときに、たまたまFacebookで見かけたとある方のビジネスライフに憧れ、生後2か月の子どもを抱えて、このSNS起業の世界に入ったのがきっかけでした。

私の場合は、軌道に乗るまで起業塾ジプシーを繰り返し、結局3年近くもかかってしまったので決して順風満帆とは言えませんが……。

それでもずっとSNSという世界にいる中で感じていることは、

「年々SNS集客は難しくなってきている」ということ。

私がこの世界に入った6年前は、ライティングスキルがそこまでなくても、ブルーオーシャンなら書けば売れる業種もありました。

一度波に乗ってしまえば、そのまま大きな成果を上げることも、そこまで難しくないと言われていました。

でも現在はどうでしょうか？

- **毎日投稿しても反応が取れない**
- **いろんなSNSに投稿しても集客に繋がらない**
- **起業塾に行って学んだのに集客ゼロ**
- **LINEやメルマガの登録が全然増えない**
- **募集をかけても全く反応がない**

こんな風に悩んでいる方が後を絶ちません。

初めのうちは勢いとやる気で頑張れていても、そのうち結果が見えないことに疲れてしまい、諦めてしまう……。

実際、このSNS起業の世界は、1年で7割、3年で9割がやめてしまうと言われています。

せっかく素晴らしい才能やスキルを持っていても、それがうまく伝わるように書くことができず、諦めてしまう方もまた、たくさんいらっしゃるのです。

2

もはやレッドオーシャンもブルーオーシャンもない灼熱状態

ビジネスを始めるとき、レッドオーシャンを狙うか、ブルーオーシャンを狙うか、といった話を聞いた方もいらっしゃると思います。

私がこのＳＮＳ起業の世界に入ったときは、初期にはリサーチや真似をしやすい、レッドオーシャンを狙った方が良いと言われていました。

コロナ前は私のようなコンサル業は稼げると言われていましたが、その後、一番稼ぐのが難しいのがコンサル業界だと言われるようになりました。

コロナ禍では、先行きが不安な現実を未来予測や鑑定で安心したいという方が増えたことで、スピリチュアルがブームとなり、そのような資格を取る方が増えました。

ですが今では、そのスピリチュアル業界も、以前のコンサル業界と同じことが起こっています。

最近では、動画編集代行、投稿代行などをお仕事にする方も増えていますが、どの業種も過密・飽和状態。同じことをやりたい人で溢れ、周りは似たようなことをしているライバルだらけです。

提供側は他との違いを出すのが難しくなり、お客様側は誰を選んだらいいか分からなくなってしまっています。

もはやこの**ＳＮＳの世界は、レッドオーシャンもブルーオーシャンもなく、灼熱状態になっている**のです。

また、ただでさえライバルが増え続け差別化がしにくくなっている中で、さらに追い打ちをかけているのが、

「情報には既に価値がなくなっている」ということ。

以前は、オリジナルの講座を作ったり、他社との違いを伝えたりするだけでも、ある程度の集客ができている方もいました。

しかし、現在はこれだけの情報社会。自分だけが持っている情報・ノウハウというのはほぼないに等しく、また、同業さんが無料で提供している特典や情報の質も、どんどん上がってきています。

実際、私も自身が発行している無料メルマガで「あずささんのメルマガ通りにやったら、月商100万円を達成しました！」というご連絡をいただいたこともあります。

自分が持っているノウハウは、ライバルも持っている。いろんな人の特典やメルマガを読んで「結局言っていることは、皆同じなんだよね」とお客様側も気づいているのです。

今までは情報の多さで勝負できていたモノが、勝負できなくなっている。さらに差別化も難しくなっている。これだけでも、いかに灼熱時代に入っているかがお分かりいただけるのではないかと思います。

3 これからは、情報量ではなく人で選ばれる必要がある

そんな灼熱なら、もう今からSNS集客をするのは無理なのかな……。

ここまで読んでいただいた方の中には、そう心配になった方もいらっしゃるかもしれません。でも、私はまだまだ可能性はあると感じています。**情報に価値がなくなった分、今度は「人」で選ばれる時代にシフトした**からです。

これまで料理を教えると言えば、有名どころで働くプロの料理人や製菓学校出身者など、いわゆる大きな肩書きがある人が活躍してきました。でも今は、違いますよね。15分で簡単にできるお手軽料理、材料費200円で作れる節約レシピ。どれも教えているのは、それまで料理を専門に学んだことがない方ばかりです。それでもインスタやブログ、YouTubeから人気が出て、本や料理教室が売れることはたくさんあります。

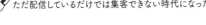

肩書きに頼らない「人」で選ばれる時代だからこそ、新たなビジネスチャンスがSNSにはあるのです。

無理して着飾る必要も、背伸びして憧れの存在に見せて偽る必要もないのです。

実際、私の生徒さん達は

「あずささんは、普通だから良いんですよ。キラキラしていたら、私はここにはいませんん！」

と口を揃えて言います（笑）。

今のあなたで、今のあなた「だから」選ばれる。

そのために**「あなたの想いをお客様に伝わるコトバで伝えていく術を身に付ける」必要がある**のです。

私はライティングをお伝えしていますが、実は、売れる型やノウハウはそれほど教えていません。もちろん、型やノウハウを知識として得ておくことは、ビジネスをする者として大事なことですから、基礎的な部分は身につけてほしいです。

ただ、**どんなに良い型やノウハウを知ったとしても、それを自分ごとに落とせなければ、意味がない**のです。

例えばハサミは紙を切ったり、封を開けたりできる便利なものですが、使い方を間違えれば人を傷つける凶器にもなります。ハサミ自体が悪いわけではなく、使い方次第で良くも悪くもなるということ。

それは集客でも同じで、**ノウハウの量よりも、そのノウハウをどう使うかが、集客が成功するかどうかの分かれ道となっていく**のです。

第2章では、実際にあなただから選ばれる、お客様を惹きつけるSNSライティングをマスターするためのワークもご用意しています。

今のあなたを最大限に知っていただける正しいノウハウの使い方を、ぜひこの本で身に付けてくださいね。

4

自分の想いを書いても集客に繋がらない理由

「毎日頑張って配信していても、一向に売れる気配がありません……」

「自分の想いを書きなさいと言われて書いているつもりなのですが、全く反応が取れないんです……」

私のところには、こういった悩みをご相談くださる方がたくさんいらっしゃり、その数は年々増えています。

以前は、やらなきゃいけないことは分かっているけどなかなか行動に移せない……と悩む方が多かったのに対し、最近では、行動しているのに上手くいかない……と悩む方が多いのです。

私自身も、今ではこうしてお伝えしている側ですが、最初の3年間で稼いだ額は年商20万円……月商ではなく、年商です（汗）。その頃の私は、

・ブログ1日3投稿
・Facebook5投稿
・LINE週3配信
・メルマガ

とたくさんのメディア配信を、子育てとともに追われるようにやっていました。

今振り返ると自分でも「よくやっていたな……」と思いますが、必死にこなしているにもかかわらず、全くもってLINEやメルマガのリストも増えなければ、集客にも繋がらなかったのです。

なぜ私が毎日投稿していても全く売れなかったのか。

今でこそ分かるその理由は、**「自分の想いをただ書いていていたから」**です。

当時の私は、起業塾に通い、ＳＮＳ集客のノウハウを教わりながら実践を重ねていたのですが、その中で「自分の想いを書けばいい」というその言葉を素直に信じ、毎日投稿していました。

でもその頃はまだ、今ほどの知識も実績もなく、毎日「どうネタを引っ張っていけばいいんだ……」と悩んでいました。少しでもブログネタを増やすために「続きは次回！」なんて引っ張ったり、お茶会に参加したとか誰々と会ってきたとか、そんなことばかり書いていたように思います（読者も少ない段階で、「続きは次回！」なんてやったところで、お客様は見ていないなんてことも、今なら分かるのですが、当時はとにかくネタ増やしに必死になっていました……）。

もちろん、自分の想いを書くことは、ＳＮＳライティングにおいてとても大事なことです。しかし、私は**大事な部分を抜かしていたせいで、この「自分の想いを書けばいい」というノウハウを本当の意味で使いこなすことができず、集客に繋げることができなかった**のです。

5

そもそもお客様は、配信を読みたくて読んでいるわけではない

有名なアメリカ人マーケターのマクスウェル・サックハイムさんという方が提唱した3NOTと呼ばれているお客様心理に、

- 見ない
- 読まない
- 信じない

というものがあります。私はさらにここに、

- **行動しない**

もついてくると思っています。

私たちの配信も、気になったものだけをクリックして全部は見てくれなかったり、せっかく書いた記事も、スクロールして最初と最後しか読んでいなかったり。

書いてあることはどこか半信半疑で読んでいるし、行動した方が良いとはなんとなく思っていても、行動までには移せていない。

あなたの商品をご購入いただくまでには、お客様にも私たち側にも乗り越えることがたくさんあると思いませんか？

たまに、起業を始めたばかりの方から

「こんなことを書いてお客様に嫌われないだろうか……」

「アンチが来たらと思うと怖くて、ありきたりなことしか書けない」

というご相談をいただくのですが、この理論からも分かるとおり、**そもそもお客様は読んでいない**のです。

2～3か月もすれば、多くの方は「何で読んでもらえないんだろう……」と全く逆のことで悩み始めます。

後ほどまた詳しくお伝えしますが、私たちは10人中10人に好かれることはありません。人気者に憧れる人もいれば、人気者を嫌う人もいます。

どんなに嫌われたくないと思っていても、あなたを好きか嫌いかは相手が決めることなので、コントロールできません。

嫌われないようにと書いた記事は、結果として本来あなたのことを好いてくれる人にも響かなくなってしまうのです。

そういう意味では、**集客を成功させるには、合わないお客様を切ることも大事なこと**です。

6

お客様の主語は「ワタシ」それ以外に興味はない

ここで少し、あなたがSNSを使うときのことを思い出してみてください。どんな風に使っているでしょう？

・調べたいことがあり、その単語を入力して出てきた中から「なんとなく気になったものをクリック」する。

・たまたまおススメに出てきたものから「なんとなく気になったものをクリック」する。

このようなケースがほとんどではないでしょうか？　お客様の気持ちはこうです。

「ワタシにとって有益な情報が書いてあるかな」

「ワタシの悩みの解決策が書いてあるかな」
「ワタシの興味のあることが書いてあるかな」

そう、**このときのお客様の主語は「ワタシ」のみ。自分にとって必要だと感じない記事には、一切興味がない**のです。

私が毎日投稿し、自分の想いを書いても売れなかったのは、この「お客様は自分のことにしか興味がない」という部分を理解しないまま書いていたからなのです。

つまり、自分の想いを書くというのは、ただ書くのではなく、**「お客様が求めていることにフォーカスした上で、自分の想いを乗せて書く」**というのが正しい使い方。

これから実際にお客様を惹きつけるSNSライティング（私はこれを、SNS惹きつけライティングと呼んでいます）について一緒に学んでいきますが、大切なことなのでもう一度お伝えします。

お客様はSNSを見るとき、自分のことにしか興味がありません。

7

ライティングを制する者は、お客様の心を制する

突然ですが、「売れる文章を書くために必要なコト」とは何だと思いますか？

- **ライティングの型を意識して書く**
- **構成をしっかりと練って書く**
- **文字の色やデザインに気をつける**

どれもこれも間違いではありませんが、型やノウハウよりも大事なことがあります。
それは**「文章を書く前に、いかに書き手側がしっかりと準備をするか」**です。

これもまたよくご相談いただくのですが、「パソコンの前で何を書いたらいいのかと悩

んでいるうちに1時間くらい経ってしまっているんです……」というお悩みは、事前準備が足りていない証拠です。

初めてカレーを作るとき、いきなりお肉を炒めながら数種類の野菜を切って、調味料を入れて……なんてやっていたら、多くの方は焦がして失敗してしまいますよね。

ライティングも全く同じで、いきなり文章に取り掛かっても「何を書いたらいいのか分からない」「書いているうちにどこがゴールか分からなくなってしまった」ということがよく起こりますし、先ほどお伝えした「お客様が求めている記事」からもズレていってしまいます。

SNS惹きつけライティングではお客様が求めているものに合わせることが重要ポイントとなるからこそ、まずは書く前にお客様の理解を深めておくこと。

「ライティングを制する者は、お客様を制する」。

いかにお客様のことを私たち側が知ろうとするか、知り続けようとするかがSNS惹きつけライティングを成功させるかどうかのカギとなります。

8

お客様にフォーカスするとは、自分の意見を合わせることではない

ただ、こうお伝えすると、

「全部お客様に合わせて伝えないといけないのかな……」
「自分が伝えたい想いは、伝えてはいけないのかな……」

と心配される方もいらっしゃいますが、それは違います。

先ほどもお伝えした通り、ＳＮＳのお客様は自分の興味のあることしかクリックしません。

まずはキッカケとしてお客様に興味を持っていただくために、クリックしていただくた

めに、お客様の興味（不安・未来）にフォーカスする。

でも、**その内容に対してあなたがどう思っているのかは、あなたの想いをきちんと書くことが大切**です。

それこそが、あなたらしさであり、あなたが大切にしている価値観だからです。

お客様が求めている答えがＹＥＳだとしても、多くの同業さんがＹＥＳだと言っていても、あなたがＮＯだと思うのならきちんとＮＯだと伝えること。

それが結果として、あなたの価値観に同意してくれるお客様に刺さり、共感に繋がり、最終的にあなたの商品に興味を持っていただけることになるからです。

価値観が同じお客様とは、長いお付き合いに繋がることも多々あります。しっかりと自分の想いを、自信をもって伝えていきましょう。

9

同じノウハウ・商品でも、売れる人と売れない人がいるのはなぜか

ＳＮＳの世界に入って早6年、私自身も起業塾ジプシーをして、3年近く売れない時期を過ごしてきました。当初はとにかく「売れるノウハウ」を探し続け、売れる型と言われればそれを学びに行き、構築が大事と書かれていたらそれを学び……。

結局6軒もジプシーしましたが、途中から「もうそのノウハウは知っているし、やっているけど売れないからここに来たのに……」と思っていました。そうなのです、ノウハウ自体はどこも大差なかったのです。

私より後からこの世界に入った人が売れていく、同じ業種でやっているのに別の人は売れていく。

このときの私は、「同じノウハウを知っているのに、なんで私は売れないの?! 売れる人と売れない人の違いは何なの?!」と本気で思っていました。

あなたも不思議に思ったことはありませんか?

協会系だと扱っている商品は同じですよね。なのに、売れる人と売れない人がいる。同じ協会の名前を使って、同じ商品を取り扱っているのに、なぜこんなに差が出るんだろう?と。

ビジネスはノウハウだけでなく、もう1つ大事なことがあります。

それは「マインド」です。

起業当初、私はマインドが大事だという意味がイマイチ分かっていませんでした。ですが、今ならよく分かります。

・反応がない中でも配信し続ける力

・面倒だと思う日でもやり続ける力
・傷ついてもそこから復活していく力
・ビジネスが苦戦しても乗り越えていく力
・軌道に乗ったらそれを維持していく力

全てにおいてマインドが関わってきます。

特に、配信に書き手のエネルギーが乗るというのは多くの人が経験していること。もしかしたらあなたも経験したことがあるのではないでしょうか。

どうしても伝えたいことがあって、型も何も気にせず、とにかく熱い想いのまま書いたら反応がたくさんあった、というのはよくある話で、私もこれまで何度も経験してきました。

私は量子力学も学んでいるのですが、**私たち人間は常にエネルギーを発し、そのエネルギーと同じものが引き寄せられるというのは学術的に証明されていること**です。

書き手の想いが配信に乗ることは科学的にも説明がつくことだからこそ、マインドもビジネスにおいてとても重要なことなのです。

ただ、私があなたにお伝えしたいのは、「とにかくやり続けること」「行動しなきゃ売れるわけがない」といった根性論ではなく、

「あなたが何を大事にしながらこのビジネスを続け、その先にお客様にどんな可能性を提供していく人になりたいのか」

といういわゆる、「信念」の部分です。

確かにSNSは、配信しなければそもそも見つけていただくこともできません。SEO対策としても、頻繁に投稿している人の方が上位に来ますし、お仕事としてSNSを使っていくのであれば、配信は続けていかなければなりません。

ですが、特に集客が成功するまでの間は、頑張って配信を続けていてもお客様からの反応はゼロ……という方が大半です。

そのときに、**自分の信念を忘れてしまうと目の前の配信が苦しいものとなり、そのうち**

面倒なもの、やりたくないものになっていく。そうなるとエネルギー的にもだだ下がりなので余計に集客できない配信となり、負のループに入ってしまうのです。

私がジプシーし続け、行動し続けたにもかかわらず全然売れなかったのは、ノウハウばかりを追い求めて自分の信念に向き合ってこなかったからです。

また、同じ協会系のビジネスをされていても、売れている人というのは、その商品を「売れるから」や「協会で言われたから」ではなく、**「本当にその商品が好きで、伝えたいことがあるから」**売れています。

これから先あなたがずっとSNSを使って活躍し続けていくためにも、あなたのビジネスにおける信念をきちんと明確にして、その信念とともに進んでいきましょう。

10

SNSで共感される文章に、国語力は関係ない

いよいよ次章から、具体的にSNS惹きつけライティングについてお伝えしていきますが、その前にお伝えしておきたいことがあります。

「SNSで共感される文章に、国語力は関係ありません!!!」

ありがたいことに生徒さんからはよく、

「どうしたらそんなに次から次へとコトバが出てくるんですか?!」

「あずささんの脳内見せてほしい！」

と言っていただけたり、私の配信を見て初めて来てくださるお客様からは、

「私もあずささんみたいに書けるようになりたいんです！」

と言っていただけたりします。中でもよく、

「あずささんは国語が得意だったんですか？　どこでそんなに学んできたのですか？」

と聞かれるのですが、私は国語が得意だったわけでもなく、専門的にライティングを学んだこともありません。

今でも難しい漢字は読めませんし、意味が分からない言葉もたくさんあって、生徒さんに逆に「これってどういうこと……？」なんて聞くレベルです（お恥ずかしい）。

ＳＮＳ配信は、勉強しよう！　と思って教科書を開くのとは訳が違います。後ほど詳しくお伝えしますが、**お客様はそもそも「読みたくて読んでいるわけではない」**のです。

ですから大事なのは、きちんとした日本語を使うことでも、正しい文法を使うことでもなく、

- **読みやすく**
- **分かりやすく**
- **親しみやすい**

ことです。

あなたの大切な人が目の前で悩んでいるとき、あなたはきっと一生懸命に話を聞き、励まし、時に叱咤するのではないでしょうか。

SNSライティングも同じように、目の前のたった1人に全力であなたの想いを伝えていくこと。そこには難しい言葉も、正しい文法も必要ありません。

大切なのは、その1人のために、自分の感情とエネルギーを全力で出していくこと。

そのために**自分の伝えたいこと、お客様が求めていることを明確にしておくこと**です。

11

灼熱時代でも選ばれる！SNS惹きつけライティングに必要なこと

今後ライバルが増え続ける中で、あなただから選ばれるために必要なこと。それは、

「信念（マインド）×お客様視点×伝わるライティング×正しいノウハウの使い方」。

あなたがこのビジネスに掲げるヴィジョン、価値観を明確にして、
お客様が求めている悩みや未来にフォーカスしつつ、
それらを伝える術を身に付け、
ノウハウをエッセンス的に使っていく。

さぁ、いよいよあなただから選ばれるライティングを実践的に学んでいきましょう！

第2章

ビジネス自分軸と ブレないポジションを確立しよう

1

ブレない起業を続けるために、あなたの価値観を明確にしよう

ここからは実際にワークをやりながら、最終的なポジションを見つけていくワークを行っていきます。

もし既にある程度決まっている！ という場合にはこれらのワークは飛ばして、この章の最後の、実際に生徒さんがポジショニングを決めるときにお願いしている課題に取り組んでいただいても構いません。

ただ、まだよく分かっていない、今一度明確にしておきたいということであれば、ぜひここからお伝えするワークをやってみてくださいね。

まずは、**あなたが大切にしている価値観や「得意」を明確にしていきましょう**。

なぜ、起業において価値観や「得意」を明確にすることが大事なのか。

それは、自分の特性を活かした集客方法や商品にすることで、なるべく「苦手」を減らしながら継続しやすい環境を作れるからです。

例えば、長期的な計画が苦手な方が1年分のスケジュールを逆算して動こうとしても、途中で計画が上手くいかなくなる可能性は高いですし、その結果、当初予定していた半分も動けなかったということは大いにあり得ます。

また、人前で話すことが苦手な人が、グループ講座をやろうとしても場をうまく持てず、結果として自分もお客様もモヤモヤが残ったまま終わってしまう……ということもあり得ますよね。

配信し続けることが大事なSNSだからこそ、あなたに合った方法を見つけることも継続していくために大事なプロセスです。

まずはあなたが大切にしている価値観から見つけていきましょう。

これからワークを進めていきますが、どんな答えを出していったらいいのか分からないという方もいらっしゃると思います。そこで、私のワークの答えを例として書いておきますので、なんとなくこんな感じで良いのか〜と参考にしていただけたらと思います。
それではいきますよ〜!!

Q1

あなたが好きな人、憧れている人、尊敬している人を書き出しましょう。
そして、その人のどんな部分が好きなのか、どんな部分に憧れていたり尊敬していたりするのかを具体的に出してみましょう。

例えば、私の場合は、

- **祖母**　**=**人に尽くすところ、たくさんの人を助けてきたところ
- **豊田章男さん**　**=**利益だけじゃなく本質を教えているところ。純粋に車が好きでライバル社の良いところも認め、たくさんの方に好かれているところ
- **目が見えない方**　**=**ハンディがあっても一生懸命生きているところ

そして、**それらを一言で言うと??**と考えてみましょう。

・祖母　　　　　＊愛に溢れている部分
・豊田章男さん　＊本質力、信頼
・目が見えない方　＊行動力、諦めない力

あなたは、どんな方のどの部分に惚れていますか？

Q2
あなたがお客様に伝えたいこと、伝えたくないことを書き出してみましょう。
あなたが今悩んでいるお客様、未来のお客様に声を大にして言いたいこと、逆に言いたくないことは何でしょうか？

私の場合、言いたいことは、
・いつでも、いつからでも変化は起こせる
・やってみなきゃ分からない
・やりたいことはやった方が良い
・自分の可能性を信じて

言いたくないことは、

・諦めた方がいい
・やめておいた方がいい
・あなたにはムリ

これらも、**一言にすると何を言いたいのかまとめてみてください。**

言いたいことは、
＊可能性、挑戦、自己信頼

言いたくないことは、
＊諦め、否定

Q3

あなたがこれまでに納得がいかなかったことを書き出しましょう。
そして、その何に納得がいかなかったのかも具体的に書き出してみましょう。

大人になってからではなく、幼少期からで構いません。親や先輩後輩との関係、バイト先や職場でのこと、見知らぬ人に巻き込まれたことなど、制限はありません。

私の答えの一部は以下です。

- **将来看護師になりなさいとずっと言われていたこと**
  = なんで言われたとおりに生きなきゃいけないんだろう
- **バイト代を勝手に先輩に削られていたこと**
  = それって違反じゃないの?
- **社員が全員YESと言っても、社長がNOと言えばNOだったこと**
  = だったら何で聞くんだろう、一生懸命考えても意味がないじゃん
- **歴史の勉強とか、過去を振り返ること**
  = もう過ぎ去ったことを考えるのは無駄じゃない?

こちらもまた、**一言でまとめてみましょう。**

＊強要されることがイヤ
＊秩序を守らないことに違和感がある
＊意味がないことはしたくない

いかがでしたでしょうか？ 自分で気づいていたこと、再確認できたことはありますか？
ここまでやったら、答えをまとめてみてください。

Q1の答え

＊愛に溢れている部分
＊本質力、信頼
＊行動力、諦めない力

Q2の答え

＊可能性、挑戦、自己信頼
＊諦め、否定

Q3の答え

＊強要されることがイヤ
＊秩序を守らないことに違和感がある
＊意味がないことはしたくない

私の性格の悪さが垣間見えたかもしれませんが（笑）。

このワークで出たポジティブな部分は、あなたがビジネスをする中で大切にしたい価値観、ネガティブな部分は避けたいことです。

それぞれのワークの答えを見ると、なんとなく似ている部分が見つかる方もいらっしゃると思います。

実際私は、ライティングを通して行動力や自己信頼を高めてほしいと思っていますし、生徒さんの可能性を信じ、愛を持って対応したいと思っています。その中で、諦めることや強要することは避けたいと思っていますし、講座をやるときは、きちんと意味を持って内容を伝えていくことを意識しています。

この答えに正解・不正解はなく、あなたが出したものが答えです。特に何度も出てくるコトバは、あなたがとりわけ大事にしている価値観です。大事にしながら起業の味方につけてくださいね。

次のワークでは、さらにあなたの「得意」を明確にしていきます。このまま進んでいきましょう！

2

「得意」を明確にすることで、やりがいのあるビジネスを続けられる

あなたは、自分の「得意」にどのくらい気づいていますか？

商品提供の方法もいろいろありますが、売れている人がやっていることがあなたに合うとは限らないもの。あなたが得意なことを活かした商品である方が、結果としてやりがいを感じながら続けられる、継続していけるビジネスになっていきます。

改めてここで、あなたは何が好きで、何をしているときが楽しいのかを見ていきましょう。

ここでも私が実際にやったワークの答えを例としながら説明していきますね！

Q1

これまでであなたが楽しかったこと、充実していたと感じたことを書き出してみましょう。また、何が具体的に楽しいと感じていたのかも明確にしましょう。

私の場合は、

・パン、お菓子教室

＝１つ１つの工程を重ねるごとに形になっていく姿を見られるのが楽しい

・ドライブ

＝自分で好きなところを決めて行ける＝自分で目標を達成できるのが嬉しい

・サプライズすること

＝相手の喜ぶ姿を想像しながら計画を練るのが楽しい

Q2

Ｑ１にプラスして、あなたがこれまで楽しくやってきたことで、結果として思わぬ成果がついてきたことがあれば、書き出しましょう。

成果というのは、喜ばれた、頼まれたなど、直接売上に繋がっていなくても構いません。注意してほしいのは、成果が出たから楽しいと感じたことではなく、楽しくやっていた結果、成果にも繋がったことを書く、ということです。

私の場合は最近だと、

・量子力学

＝新しい知識を明確な理由とともに得られる＝納得する知識を得ながら実践することが楽しい

＊自分がマインドを整えたくて学んだ結果、生徒さんから講座にしてほしいと頼まれた

つまり私は、自分の講座や商品を作る際には、

・生徒さんが喜ぶ姿を想像しながら講座を作ること
・1つ1つ積み重ねるごとに形になっていくこと
・自分で目標を達成できること
・納得する知識とともに実践していけること

これらを意識することで、やりがいを感じながら続けやすく、生徒さん達が理解を深めていく姿に喜びを感じられる、ということが分かりました。

実際私の講座は、土台部分に時間をかけて作り上げ、なぜそれをやる必要があるのかなどを伝えながら1つずつ着実に進めていくスタイルなので、起業初期から商品に対しては何よりも自信がありました。これも自分の特性に合っていたからこそ、ここまで続けてこられたのだと思っています。

私の場合は、そのことに後から気づけたのですが、先に気づけていたら、もっと自信をもって進めていたかもしれないな、と思います。そういう意味では、この段階で気づけたあなたはとてもラッキーです!! あなたはどんなことに喜びを感じていましたか?

Q3 あなたが苦手、イヤだと感じることを書き出してみましょう。

今度は逆にあなたが苦手なこと、イヤだと感じることを書き出してみましょう。

苦手なことを避けるという意味もありますが、「苦手」が分かれば、それは「得意」に繋がっていることがほとんど。あなたはどんなことが苦手ですか?

私の場合は、

・誰かの下でいつまでも指示されたり、ペースが合わない人と働いてペースを崩されたりすること
・勉強を試験日までの日数で割って、1日何ページなど計画的に実行すること
・時間に余裕がなくて焦って急いだりバタバタしたりすること

これらの逆は何かを考えてみると、「得意」が見えてきます。

・誰かの下でいつまでも指示されたり、ペースが合わない人と働いてペースを崩されたりすること
＝1人でもその場の状況に合わせてこなすことができる
・勉強を試験日までの日数で割って、1日何ページなど計画的に実行すること
＝長期的な計画は苦手だけど、短期的にこなすのは得意
・時間に余裕がなくて焦って急いだりバタバタしたりすること
＝急なアクシデントが起こっても対応できる、リスク分散を考えて動ける

いかがでしたでしょうか？
さらに私の短気がバレてしまったかもしれませんが……。

私は自分の意志でこなしていく方が得意ですし、長期的に動くよりも目先を捉えて動く方が得意です。年間スケジュールで動いてしまうと、まだいいや、まだ大丈夫、なんて思っているうちに急な対応が入ったりして、できないこともしょっちゅうです（汗）。

そして当日は、時間に余裕を持つことで一番良いパフォーマンスで挑めるので、飛行機なんかは2時間前から空港にいたりします。

講座を開催するときも、自分のタイムスケジュールの中で、余裕を持った時間に設定しておきます。突然思いつきでメルマガを全て書き換えるなんてこともありますが、これも短期戦が得意だからできること。

あなたが得意とすること、苦手とすることは見えましたか？改めて見返してみて、あなたはどんなスタイルが一番続けやすいのかを明確にしておきましょう。

ここまでのワークで、あなたが大切にしている価値観、得意なこと、苦手なことは見えましたか？

価値観の部分は今後の配信で、何度も何度もお客様に伝えてください。配信だけではなく、商品を通しても伝え続けてください。**情報に価値がない時代だからこそ、人で選ばれるために価値観を伝え続けることは、とても大事なこと**です。

そして、得意・不得意は、講座や商品を作る際にぜひ活かしてください。売れている人がやっているスタイルに必ずしも合わせる必要はありませんし、そのやり方自体が売れるわけではありません。あなたらしいスタイルを確立してくださいね。

3

あなたは結局、ナニモノ？ポジショニングを明確にしておこう

自分の価値観が見つかったら、いよいよあなたが誰に何を伝えていくのか、業界用語で「ポジショニング」と言われる部分についてお伝えしていきます。

ポジショニングはとても重要な部分で、集客において最初の土台になっていきます。

ここからはパン屋さんに見立てて説明していきますが、**ポジショニングは「どこの街にどんなパン屋さんを建てるのか」を決める部分**です。大手飲食店でも、必ず新店舗を出す際にはその街の調査をしています。街のパン屋さんであっても、どんなにあなたが良いと思っても、そこに人が住んでいなければお客様は来ないですよね。

あなたの美味しいパンを1人でも多くの方にご購入いただけるように、しっかりと事前準備をしていきましょう！

4 「好きを仕事に」でも、「できるを仕事に」でもどちらでもいい

ポジショニングを決める前に、お伝えしておきたいことがあります。

YouTubeの流行とともに、「好きを仕事に」という言葉が流行り始めましたよね。実際、今も好きなことで稼ぎたいとSNSの世界へ飛び込む方は多くいらっしゃいますが、注意しておいてほしいことがあります。それは、

「『好きを仕事に』というのは、好きなことだけをやっていられるわけではない」ということです。

先ほどの続きで、あなたがパン屋さんを開きたいとしましょう。

パン屋さんを経営するには、ただパンを作っていればいいわけではありませんよね。

誰かを雇うのであれば育成や給与も必要ですし、売上管理や税金対策、清掃やパンを包む袋の在庫管理など、いろいろ考えなければいけないことがあります。

ＳＮＳの世界でも同じように、あなたの商品を購入していただくためには、配信や掘り起こしなど、好きなこと以外にもやるべきことは出てきます。売上がある程度出てきたら外注などもできますが、多くの方は最初は自分でやることになります。**好きなことを伝えていくためにやるべきことがあるというのは、覚えておいてほしいポイント**です。

一方、「できるを仕事に」というケースでも、気をつけてほしいことがあります。

例えば、あなたは当たり前にできてしまうことだけど、周りから教えてほしい・助けてほしいという声がかかり、気づけば仕事になっている場合。あるいは、起業塾などで「あなたは○○が得意だし、売れるジャンルだからそこでやってみると良いよ」と言われた場合。それらの場合の多くは、**自分が悩んだことがないので、「お客様が何に悩んでいるのかイマイチよく分からない」という状況に陥りやすくなります。**

この場合は、まずあなたがすんなりできてしまうことを他の人はどんな風に悩んでいるのか、そしてすんなりやっているあなたが意識しているとしたら何を意識しているのかなど、自分を客観視する必要も出てきます。**自身が困っていないからこそ、下調べが重要になってくる**のです。

「好きを仕事に」して直接収入に繋げてもいいし、好きなことよりできることの方が大きな収入を見込めそうであれば、「できるを仕事に」して、稼いだお金を好きなことに使ってもいい。あなたの性格に合っている方を選べばいいと思いますが、どちらにしても

「自分の商品を通して大切なお客様のお金をいただくんだ」

という覚悟は持ってほしいと思います。私たちの売上は、誰かの大切なお金をいただいて初めて成り立つものです。そのお金を受け取る以上、**全力でその立ち位置で、1人でも多くの人を救っていくんだという自分との約束・覚悟を持つこと。**私はこれが本来ポジショニングを決める際に必要な、本質の部分だと思っています。

強い覚悟と意志を持つこと。それがないのに商品を提供するのは、あなたの商品を買ってくださるお客様にも失礼です。ぜひ、誇りを持ってその看板を掲げてください。

5

SNSで売れるジャンル選定のポイント

それでは、いよいよジャンル選定に入っていきましょう。

ポジショニングを設定するとき、レッドオーシャン・ブルーオーシャンなどの業界用語を聞くこともあるかもしれません。しかし先述の通り、SNSの世界では既にブルーオーシャンの業界はほぼないに等しいと思っていますので、あえてその選定の仕方はしていません。**ビジネスをするにあたって、求めている人が多いジャンルを選ぶというのは大事なポイント**です。どんなに伝えたいことがあったとしても、そこにニーズがなければビジネスとしては成り立ちませんから、何でもかんでもいいというわけではありません。

指標としては、メンタリストDaiGoさんが提唱されている「HARMの法則」というものがあります。これは、

H……Health　健康、美容
A……Ambition　夢、キャリア、将来
R……Relation　会社関係、恋愛、結婚
M……Money　お金

の頭文字をとったものですが、人間の悩みは昔からこの4つのどれかであることが大半だと言われています。

これをもう少しSNS集客に落とし込んで考えてみると、

H……Health　ダイエット、小顔、自然療法、アロマ
A……Ambition　起業、副業、スキルアップ系講座
R……Relation　人間関係の悩み、子育ての悩み、自己肯定感、量子力学、マインド、婚活、不倫、離婚
M……Money　投資、株の始め方、資産管理、節約術

などが入ってきます。

ここに、**あなたが活かしたいと思っているスキルをかけ合わせていくと、外れの少ないポジションに行き着きやすくなっていきます。**

例えば私の場合、「ライティング×起業」もしくは「ライティング×収入を増やす」を中心に仕事を行っています。他にも生徒さん達の例を挙げると、「量子力学×引き寄せ」「スピリチュアル能力×恋愛」「漢方×健康」「時短スキル×節約術」などのジャンルが考えられます。

あなたの提供したいもの、伝えたいことは、どの悩みをお持ちの方に伝えていきたい、または伝えていきやすいでしょうか？

まだ大枠で構いませんが、ぜひ考えてみてくださいね。

さて、あなたがどのジャンルに身を置くのかを決めたら、次は**その業種の中で何を特徴として行っていくのか**を決めましょう。

例えば「量子力学×引き寄せ」というジャンルの中でも、ノートを使う方もいれば、イメージングを使う方もいらっしゃるでしょう。また、達成率などの成果で差別化を図る方もいれば、先ほどのワークで出した価値観を前面に出す方もいます。

ここは、どんなタイトルを付けるかによっても変わるので、次章以降のタイトル付けの部分も参考にしながら決めていただければ大丈夫です。今の段階であなたが得意とすること、できること、提供したいやり方があれば、書き出しておいてくださいね。

誰もやっていないことというのはもうありませんから、変にひねりすぎなくて大丈夫です。あなたが伝えたい、得意とすることをまとめておいてくださいね。

6

集客を成功させるヒケツは、頂点を取ろうとしないこと

ポジショニングを決めるときのポイントとして、**頂点を取ろうとしないということも重要**です。え？　ビジネスをするなら上を目指したいのに！　と思ったあなた、大丈夫です。ここで言う頂点とは「その業界の頂点を取ろうとしない」という意味です。

またパン屋さんの話に戻りますが、せっかくなのでクイズ形式でいきますね！

今、私たちは最終的にどの街にどんなお店を構えるかを決めています。初めて自分のお店を持てる喜びに胸を躍らせながら、このお店を繁盛させるため、目星をつけた街ではどんなライフスタイルの方が多いのかなど、日々リサーチを重ねています。

さて、あなたがリサーチすべきライバル店は、どんなパン屋さんでしょうか？

……いかがでしたか？ 簡単すぎたでしょうか。答えは、**「同じ街、もしくは近隣の街にある、個人でやっているパン屋さん」**ですね。

パン業界では、パスコさんやヤマザキさんなど大手メーカーが研究を重ね、マーケティングをされています。しかし、私たち一個人が同じ土俵に立ったところで、勝つことなんてできないというのは想像がつくと思います。工場設備や資金など、足元にも及ばない相手をリサーチしたところで参考にならないですし、頂点を目指すには目標が大きすぎます。まずは同じように個人経営のパン屋さんで人気店をリサーチし、そこを目指す。その先にもっと大きくしたいのであれば、次の展開を検討していくことが必要になります。

このように、**私たち一個人がまず成功するためには、業界の頂点を取るのではなく、その業界の中であなたの特徴を活かし、成果を積み重ねていくこと**です。街のパン屋さんでも、クロワッサンが得意なお店、クリームパンが美味しいお店、材料にこだわっているお店など、それぞれ特徴がありますよね。**SNSの世界でも、業界の頂点ではなく、業界の中のニッチな部分で頂点を目指していけばいい**のです。

7

ポジションは途中で変わってもいい

そしてもう1つ、押さえておいてほしいポイントがあります。

ここまでポジショニングについてお伝えしてきましたが、

「本当にこれで良いのかなぁ……」

「まだカチッと自分の中ではまり切っていないけど……」

そんな風に思っていらっしゃる方もいるかもしれませんね。でも、まずはそこで決めて進んでみることをお勧めします。

というのも、**ポジショニングはやりながら変わっていくことが多々ある**からです。

私の生徒さんも、実際にポジショニングを決めて配信していく中で、

「実は伝えたいことってこれじゃないと気づきました」

なんてこともありますし、私がサポートしていく中で、

「話を聞いていると、いつも○○って言ってるけど、本当はそっちやりたいんじゃない？」

と提案して方向転換することもあります。


頭で考えていることと、実際に行動していく中で気づくことは案外違うもの。でもそれは、行動したからこそ見えること、とも言えるのです。


実は、私はこれまでに4回ポジショニングを変えています。

最初は、当時憧れていたコンサルの方に「不妊ジャンルでやってみたら？」と勧められ、そのジャンルで活動していました。

でも、私がした不妊治療は本格的な体外受精などではなく、その方々の気持ちが分からなくて2か月も経たずにやめてしまいました。

2回目は、アダルトチルドレン向けのマインド講師をやっていました。私自身がアダルトチルドレンで、娘を授かったときに「同じ想いをさせたくない」と思い、当時の先生からの提案もあって、インナーチャイルドを1年学んだ経験を活かしていました。

しかし、自分のマインドも整っていないのに、他の方のマインドサポートをするほどの余裕もなく、寄り添い切れないと感じていました。

この頃はちょうど起業塾ジプシーを繰り返していて「ただ起業ノウハウを教えるだけなら私にもできるのに」と思っていました。そんな矢先、私をここまで育ててくれたメンターに出会えたのですが、その時にメンターから言われた一言が、

「あずささんは人と違う視点で物事を見てるから、コンサルできるんじゃない?」

でした。

そこでガラっと方向転換をしました。アメブロ集客の流れをお伝えする起業コンサルとして活動しながら学びを深め、ビジネスを軌道に乗せることができました。これが3回目です。

そして去年、私にどんなことを求めているかというアンケートをLINEで取ったところ、なんと95％がライティングという結果でした。

アメブロ集客の土台を伝えて約3年も活動してきたのに、アメブロ集客について知りたい方はたったの5％ほど……。

開いた口が塞がらないとはこのことかと、自分でも本当にびっくりしました。しかし、ここはアンケートに従い、思い切ってライティングに振り切ることにしました。

その結果、こうしてぱる出版さんからご縁をいただき、出版できるまでになりました。

これが4回目です。

多分私は、あのときアンケートで教えていただかなければ、今でもアメブロ集客コンサルとして活動していたと思います。

このように、活動していく中でお客様から気づかせていただくケースもあります。

ですから**頭で考えて行動できないより、動きながら見つけていくので大丈夫**です。

8

実際にポジショニングを決めた資料を公開！

ここからは、実際に私が生徒さんのポジショニングを決める際に使っていた資料を、特別に許可していただいたので、お見せしながらご説明していきます。

ここまでのワークとはまた違う視点から見ていますので、こちらのワークもぜひやってみてくださいね。

今では恋愛コンサルとして大活躍しているEさんですが、初めてお会いしたときは2人目のお子さんを妊娠中で、しかも臨月！　ベビーマッサージのビジネスをされていましたが、なかなか軌道に乗らずにご相談に来てくださりました。

Eさんのポジショニングを決める際に書いていただいた資料です。

◆現状のお仕事について

コーチ・カウンセリング、ベビーマッサージなどベビー系教室、養成講座

ラジオパーソナリティ、司会（結婚式や婚活パーティ）

◆集客状況

コーチ・カウンセラーのほうしか集客していませんが無料診断　週1から2ぐらい

そこからの有料セッションほぼなし

◆今後の目標や、やっていきたいこと、望む月収やライフスタイル、やってみたいメニューなど

月50万、理想は80~100万

メニューやコンテンツは、コーチ・カウンセリングにはこだわらなくてもよい。

◆持っている資格や今までの仕事での業績、自分で得意としていることなど

・得意なこと

物事を順序だてて話す　分析　マッチング

・**資格**

ベビー系　ＮＬＰ　秘書検　バス運行管理者

◆仕事の業績

ウェディングプランナー時代の　売上月間首位

婚活パーティ司会での盛り上げ役など評判よし（マッチング率も高い）

◆今までの経験を教えてください

ご両親や兄弟、彼氏との恋愛・旦那さんや子供との関わりの中で経験したことなど人間関係の関わりや、金銭的なことなど、大変だったことがあれば書いてください

親子でのかかわりでは、わりと家族の中が和気あいあいという感じではなく否定的な言葉を使う中で育ってきた部分もあるので、自分らしさを出した生き方がしたいとどこかで思いながらずっときたと思います。

両親の夫婦喧嘩もあり、わたしは結婚したら大変なんだなと感じていたので1人で生きていこうとずっと思っていました。しかしその概念から離れてみたりすることで見えてきたものがあり、タイミングよく今の夫と出会って結婚できたことは自分の人生にとって大きく価値観を変えられるものとなりました。

ママになって大変と思うこともなくはないですが、独身時代の方が1人でどう生きていけばいいのかをずっと孤独に考えてきた経緯があったので、結婚によって人生の安心安全の土台のすばらしさなどは伝えられるかもしれません。

もともと人間的に尊敬できる人にあこがれを持っていました。自分にはないものを持っている人にあこがれて、こんな人になりたい！ の気持ちが前に進むエネルギーになっていたと思います。

◆人から褒められることやよく言われることはありますか

言葉や伝え方が丁寧ですね　わかりやすい説明ですね　行動力ありますね

自分がそう思ったら疑わないよね　笑顔が多いね　すごい分析だね
Eさんなら大丈夫だよ

……実際にはまだ続きがあるのですが、ここまでを見て私は、Eさんは恋愛系に強いのでは？ と感じたのです。

しかもEさんは、見た目も社交的な明るい感じ。私はこの魅力を活かせる仕事として、恋愛コンサルか、人を魅了するセールス講師を提案しました。

するとEさんは、

「私、やっぱり恋愛の人間かもしれない……なんか今までの全てが繋がった気がする！」

とおっしゃり、そこから
「私、この人とこの人が合うとか大体分かるんです」

ということで恋愛コンサルとして活動することに決めました。

決めると次から次へと出てくるもので、

「そういえば私、キャバクラで働いていたときナンバー2だったんです」というエピソードが出てきたりもしました。

そして、自分のスキマ時間を売ることができる「タイムチケット」というサイトを使って実績を作ってもらったら、男性からの恋愛相談を受けることが多くなりました。最終的には、恋愛コンサルの中でも「男性心理を使って」理想の男を虜にするコンサルとして活躍し、みるみるうちにOL時代の年収を超えていきました。

正直、この共通点探しを自分でやるのは難しいのですが、新たな視点が見えることもありますので、ぜひこちらのワークをやってみてください。そして、できれば一度、**あなたがどんな人に見えているか、信頼できる方に聞いてみてください。**

このワークの中にも「人からよく言われること」について書く部分がありますが、自分が思っている自分への印象と、他人から見た自分の印象って全く違うものです。

むしろ、客観的にあなたのことを見ている知り合いの方が、あなたのことをよく知っています。なぜなら、**人は一番自分のことが見えない**からです。

あなたが気づいていないあなたの魅力を、周りの方はたくさん知っています。きっと、自分では全く気づいていなかった印象や、ちょっとくすぐったい自分の魅力を発見できると思いますよ！

今回お伝えしたワークは、実際に私も取り組んでいたワークです。そして、その答えを見て、さらに自信や確信をもって進めるようになりました。その**自信から出るエネルギーはとても強く、配信を通してお客様に伝わっていきます**。

実際、量子力学の世界では、同じエネルギーを発するもの同士が引き付けあうというのは科学的に説明されていますし、人はエネルギーが高い方に惹きつけられていきます。配信者である私たち側のエネルギーもしっかりと高めていきましょう！

次章では、これからあなたが配信するにあたり、「究極のお客様」に向けて配信していくための深掘りをしていきます。ペルソナ設定と言われ、あなたの大切な相棒を決める部分です。楽しみながら進めていきましょう。

第3章

こんな人に囲まれたい！
あなたにとって
究極のお客様を設定しよう

1

ペルソナを設定する前に大事なことがある

いよいよペルソナ設定の章に入っていきます。

ペルソナとは、あなたにとっての理想のお客様像のことです。

このペルソナと向き合いながら配信をしていくことになりますので、ペルソナの設定とは、いわばあなたにとっての相棒を設定していくことでもあります。

この**ペルソナは、まるで目の前にその人がいるかのように、そしてその人の気持ちが手に取るように分かるくらい、自分の中に落とし込むことが大切**です。

ペルソナを決める前に大事なポイントを3つお伝えします。

・週5で連絡が来てもイヤじゃないと思える人か
・数日連絡がないとこちらから連絡しちゃうくらい好きな人か

・まるで自分ごとのように、相手の悩みが分かる人か

これからいろんな視点でこのペルソナのことを見ていきますが、あなたが本気でサポートしていく以上、好きな人じゃないと続かないですよね。

お互い「一緒に歩んで来てよかった」と思えるような関係であることは、私たち提供側だけではなく、お客様にとっても、とても大事なことです。なぜなら、**講座など無形商品の場合は「信頼関係が全て」**だからです。

どんなにいい商品を持っていても、この信頼関係が崩れた瞬間、お互いにベストパフォーマンスは出せなくなります。一度失った信頼を取り戻すのは大変なことですよね。

だからこそ提供側である私たちは、**お客様との信頼関係作りも大事な仕事の1つ**です。もちろん、お客様の言いなりになるということではなく、時には愛をもってビシッと言うことも必要ですが、どんなときでも真摯な対応を心がけていきましょう。

このペルソナの設定にも、決める前に意識してほしいことがありますので、先にそちらをお伝えしていきますね。

2 ペルソナ以外には刺さらなくなる？ は心配無用！

ペルソナを設定しましょうとお伝えすると、「ペルソナ以外の人にも役立つ商品なのに……」「ペルソナ以外に刺さらなかったら、売上を伸ばせないのではないか」と心配される方がいらっしゃいますが、その心配はあまりありません。

ペルソナ設定というのは、私たち配信側が「お客様は何に悩んでいるのか」を明確にしていくためにするものでもあり、年齢や家族構成が大事なわけではないのです。

事実、ペルソナから外れた同じ悩みを持っている方に刺さることはよくあります。

私がナチュラルママ起業と謳っていた際、男性の方からお問い合わせいただいてコンサルさせていただいたこともありますし、現在も男性の生徒さんはいらっしゃいます。

ですからペルソナは細かく設定してはいきますが、最終的には「お客様のお悩みと響くコトバ」を見つけるため、ということは意識しておいていただけたらと思います。

3

ビジネスのために資格を取るのはおススメしない理由

起業を目指したとき「資格を取ろう」とする方が多くいらっしゃいます（ここでの資格とは、スキル系の資格を指します）。資格があれば有利なのではないか……そう考える方は多いのですが、**SNSの世界では、資格があることと売れることは全くの別物**です。

実際、協会系の資格はあるのに集客がうまくいかない……と悩む方は年々増えています。また、協会系の資格は、商品やテキストがあらかじめ用意されているという利点はあるものの、その協会ならではの縛りが発生することもあり、商品のアレンジができない・値段を変えられないなどのデメリットも出てきます。

先述の通り、**情報そのものの価値はなくなり、個々の価値観や経験に共感される時代**です。ご自身が好きで資格を取るのであれば全く問題ないのですが、起業に有利になるのでは？という考えから資格を取ることは、個人的にはおススメしていません。

4

絞りすぎて実在しないペルソナにならないために気をつけること

この後ペルソナを設定したら、深く向き合う前に確認してほしいポイントがあります。少し高度な視点であり、なかなか自分で見極めるのは難しい部分ですので、できればプロの視点を入れてほしいところではありますが、ポイントとしてお伝えしますね。

その視点というのが、

「売れるペルソナになっているか」ということです。

ペルソナは最終的に1人に絞っていくことになりますが、その1人が売れないペルソナになってしまっていたら、そちらに向けて発信しても見込みがありません。

絞りすぎて「この人、本当に居るのだろうか？」と疑問を感じた場合には、少し条件を緩めてください。

先述しましたが、**ペルソナを設定するのはあくまで「お客様の悩みと響くコトバ」を明確にするため**です。

お悩みがかなり限られた人にしか響かないものであった場合には、少し緩めてもう少し対象の方が増えるようにしておきましょう。

5

お客様がお金を払ってでも解決したいか？も大事なポイント

こちらもまた難しい要素ではありますが、売れるペルソナ・商品にするために大事な要素があります。それは、

「お客様がお金を払ってでも解決したい・受けたいと思うか」という視点です。

どんなに提供したいものがあったとしても、それを購入してくださる方がいなければ、ビジネスとして成り立ちません。ビジネスは需要と供給なので、**そこにニーズがあるかどうか、お金を払ってでも解決したい・受けたいと思う要素があるかどうかは大事なポイント**です（緊急性があるか？とも言われます）。

例えば、私たち日本人は、アメリカなどに比べ、病気にならないための予防に気を遣う人はまだまだ少ないと言われています。でも、病気が発覚したあとは、少しでも治る可能性があることにはお金をかけてでも治そうとしませんか？　これは、病気の予防といった緊急性の低いことは、なかなか行動に移せない一方、命に係わる病気の治療といった緊急性が高いことには、購入意欲も高くなることの一例です。

実際の商品でここまで緊急度が高いものはなかなかないとは思いますが、お客様がお金を払ってでも受けたいと思う要素があるかは確認してほしいポイントです。

この部分を文章で伝えるのはとても難しく、私自身も書きながらもどかしさを感じていますが、もう少し別の角度からもお伝えします。ママがターゲットの場合を考えてみましょう。

多くのママは、家族のために必死に頑張っていますよね。子どものやりたいことをお金で我慢させないためにやりくりしていたり、老後のための貯蓄もしていたり……。

時には自分が欲しいものを我慢してでも家族のために頑張れてしまうのが、ママのすごいところ。でも、我慢できてしまうからこそ、自分のための財布の紐は固いので、例えば「ママが幸せになりましょう！」といった言葉だけでは、「そんなことにお金を使ってる余裕ないわ〜」と緊急度が上がらないのです。

このときに大事なのが**「自分のためには財布の紐が緩まないママが、お金を出してでもサービスを受けたいと思うのは、どんなときだろう？」**と考えてみること。例えば、

「怒るたびに子どもの自尊心を失うことをやめませんか？」
「大切な我が子に一生の傷を残さないために、ママが変わりませんか？」
「子どもの頃の記憶は大人になっても残りますが、後悔しませんか？」

などと言われたら、「ママが幸せになりましょう！」と言われたときよりも、緊急度としては上がったと思いませんか？

難しい部分ではありますが、**どんな打ち出し方をしたらペルソナの中での緊急度が上がるのか？**という視点でも見てみてくださいね。

6

ペルソナはいきなり1人に絞らない

早くペルソナ設定に移りたい！ というお声が聞こえてきそうですが、私はいきなり1人のペルソナを決めることはおススメしていません。

特に、「過去の自分」をペルソナに設定する生徒さんが多いのですが、「過去の自分が本当に理想のお客様？」と聞くと、案外違うという方が多いのです。

先ほどもお伝えした通り、ペルソナはあなたの相棒。そこで私は、**最終的に3人のペルソナを出すことをおススメしています。**

＊1人目……これまでの経験や持っている資格から救えるペルソナ

＊2人目……資格や経験は関係なく、こんな人を救いたいというペルソナ

＊3人目……2人をミックスした理想のペルソナ

1人目と2人目のペルソナを比較することで、今の自分が理想のお客様をサポートするにあたり何が足りないのか、どこに偏っているのか、などが見えてきます。

理想のお客様をサポートするにあたり足りない部分は、あなたが学びを深めるべきところです。最終的にこの2人をミックスして、3人目の理想のペルソナを決めていきましょう。

ただし、第2章で決めたご自身のポジショニングからズレていないかは注意してください。ズレすぎている場合には、ポジショニングから設定し直すことをおススメします。

7

まるで目の前にいるかのように イメージできるペルソナを作ろう

それではペルソナを設定してみましょう。

・名前
・年齢（30代～などではなく、37歳など明確に）
・家族構成
・世帯年収
・生活スタイル
・性格
・口ぐせ
・趣味

・今の悩み

これに加えて、サロンなど直接来ていただく必要がある方は「地域」など、それぞれの業種に合わせて付け足してください。

この**ペルソナ設定で注意してほしいのは、細かく設定すること**です。

年齢の部分にも記載していますが、30代というのはとてもアバウトです。31歳と39歳では8歳も違います。例えば子育ての悩みだとして、幼稚園児と中学生では悩んでいることは全く違いますよね。美容系でも、31歳は毛穴に悩んでいても39歳はシミやほうれい線に悩み始めているかもしれません。

このように、悩んでいることが全く違うので、細かく設定しておきましょう。例を挙げてみます。

〈名前〉 小林まな

〈年齢〉 42歳

〈家族構成〉 夫（45歳）娘（10歳）息子（7歳）

〈世帯年収〉 700万

〈生活スタイル〉 扶養内でパート勤務（9時〜14時）
パートは嫌いじゃないが、自分が好きなマインドやスピリチュアル的な考え方をお伝えしたいと思っている。子ども達が帰ってきてからは、習い事の送り迎えに忙しい。家族は応援してくれているが、だからこそ結果を出せない自分に後ろめたさを感じている。

〈性格〉 向上心があり、やってみたいことにはチャレンジする。ちょっと負けず嫌いなところがありライバルがいると燃えるタイプ。でも本当は傷つきやすい。たまに突っ走り空回りすることも。

〈口ぐせ〉 とりあえずやってみよう〜。やってみなくちゃ分からないよ。何とかなると思うんだけどなぁ。

〈趣味〉 マインドのことを学ぶ、旅行、ドライブ、スピリチュアル

〈今の悩み〉 起業を目指して日々投稿しているけどイマイチ反応が取れない。起業塾には通ったことがあるが、なかなかうまくいかず苦戦している。このまま諦めるのはイヤだからどうにか成功させたいが、また起業塾に行っても成功するのだろうか。自分のやりたいことにお金はかけたいが、子どもの教育費を考えるといつまでもこんなことをやっていていいのかと悩むこともある。

いかがでしょうか? なんとなく、まなさんのイメージがつきませんか?

あなたの中でペルソナが目の前にいるかのようにイメージできるように、細かく設定してくださいね。

8

ペルソナの悩みを深掘りしていこう

ペルソナ設定が終わったら、ここからもっと深くペルソナと向き合っていきます。ペルソナが抱えている次のものを、最低でも5個以上は出せるように、考えてみましょう。

・不安
・不満
・不思議
・不足
・満たしたい欲

このときに必ずしも、これは不安だ！ 不満だ！ と分けなくても大丈夫です。似たような言葉が出てくることは十分に考えられますし、振り分けをすることが目的ではありません。**目的は、お客様は結局どういうことに興味があるのか、どんな言葉が目につきやすいのかを明確にすること**です。

まなさんの場合、

〈不安〉

このまま続けていて売れるのだろうか
いつまでこんなことを続けていられるのだろうか
また起業塾に行っても売れなかったらどうしよう
あとどのくらい頑張れば成果に繋がるのだろう
これ以上家族に迷惑をかけて嫌われないかな

〈不満〉

投稿しているのに売上に繋がらない
他のライバルは売れているのに自分は売れない

いろんなＳＮＳ配信をしても申し込みがこない
カンタンに売れると言われたのに売れない
言われたことは全部やっているのに売れない

〈不思議〉
あの人は何であんなに成果を出せるのだろう
同じノウハウを習ったのになぜあの人だけ売れたのだろう
同じような配信をしているのに、なぜあの人は人気が出たのだろう
私より後から始めた人が売れているのはなぜだろう
実績がそんなになさそうなのに、人気なのはなぜなのだろう

〈不足〉
あと何を学べば私は売れるんだろう
お金がどんどん減っている
自分には無理なのかと自己肯定感が下がっている

もはや何が足りなくて売れないのか分からない
売れる文章の書き方はどこにあるんだろう

〈満たしたい欲〉
早く売上に繋げたい
募集を毎回満席にしたい
安定して売上を上げたい
月商１００万円稼ぎたい
集客の不安から抜け出したい

まなさんはやはり、売上・成果（集客）にフォーカスしているということが分かりますね。

これだけでも記事ネタは数十個出てきますし、お客様の興味があるコトバは、タイトルでも本文でも取り入れていくようにすることで、より専門性が伝わっていきます。

ただこれでもまだ少ないので、もっとネタを出せるコツをいくつかご紹介します。

9

もうネタに困らなくなる?!
お客様の悩み出しワーク

ここからは、記事ネタの出し方（増やし方）について、いくつかお伝えしますね。

◆表があれば、必ず裏がある

多くのことには、表があれば必ず裏があります。例えば、先ほどのまなさんの満たしたい欲に「募集を毎回満席にしたい」というものがありましたが、「募集を毎回満席にできる人」と「募集を毎回満席にできない人」がいますよね。これを膨らませると、

- 募集を毎回満席にできる人が裏でやっていること
- 募集を毎回満席にできる人が意識している3つのこと
- 募集をしても満席にできない人のライティングの特徴

・満席にならない人は、コレができていない

などと展開させていくことができます。実際はもっと広げていくことが可能なので、1つの悩みからいくつも膨らませていくことができます。ぜひ表が出たら裏の部分も探してみてくださいね。

◆ということは？と質問を繰り返す……………………………………………

最初に出た悩みに対して、質問を繰り返して掘り下げていく手法です。例えば、

投稿しているのに売上に繋がらない……**ということは？**

↓売れる書き方を探しているかも……ということは？

↓型通りに書けば売れると思っているかも……

といったように掘り下げていくこともできますし、思いついたことが複数個あれば、

投稿しているのに売上に繋がらない…… ということは？

↓ 投稿してもどうせ集客できないのにと思っているかも…… ということは？

↓ 配信自体がイヤになっているかも…… ということは？

↓ 配信もできない自分にも嫌気がさしているかも

というようにいろんな視点から見られるようになります。

この方法では、掘り下げ途中で「これは合ってるかな？」などとは考えず、まずはひたすら出してください。無心になったときに思わぬ答えが出てくることがあります。出し切ったなと思ったら、最後にあまりにかけ離れているものは使用しない、というようにしていただくのがおススメです。

◆感情、五感に向き合う……………………………………………………

「この状態のときはどんな風に感じているだろう？」と向き合って掘り下げていく方法です。「五感＋心はどんな感じか」と考えていくと見つけやすくなります。

例えば「あの人は何であんなに成果を出せるのだろう」と悩んでいるとき。

心↓モヤモヤする
売れている人と比較してイライラする
比べても仕方ないと思いながらも比較してしまう自分がイヤになる
考えただけで心がズキズキする
焦ってしまう

手↓通帳を握る手が汗をかいている
書きたいのにパソコンの前で手が進まない
悔しくて握りこぶしで机を叩いた

耳↓何度も動画や音声を視聴したのに、落とし込みまでできない

鼻↓イライラしすぎて鼻の穴が広がった気がする

口↓考えれば考えるほど、ため息が止まらない
苦しくて全部吐き出してしまいたい

目↓悔しさのあまり何度も泣いたことがある
目がしょぼしょぼするくらい行動しているのに結果がついてこない

などなど……鼻なんかは少し無理がありますが（笑）。

出ないものは無理に出そうとしなくても大丈夫です。思いつくものから書き出してみると良いでしょう。

◆同業さんのリサーチから見つける

同業さんが書いている記事を見ながらネタを見つけていくことも可能です。

あなたがついクリックした同業さんのメルマガや記事は、お客様も見た可能性はありますから、チェックしておくといいでしょう。

また、質問サイト（ヤフー知恵袋など）でどんな質問が出ているのかを調べたり、キーワード検索サイト（ラッコキーワードなど）で、お客様がどんなコトバで検索しているのかを調べたりすることもできます。

いろんなリサーチ方法はありますが、中でも**特におススメなのが「同業さんが載せているお客様の声」**です。アメブロやインスタで同業さんが載せているお客様の声は、「実際にお客様がお金を払ってでも解決したかった悩み」であることがほとんど。こんなに生の声を聞けるところはなかなかありません。私はお客様の声はネタの宝庫だと思っています。ぜひあなたも生の声を見つけてくださいね。

ここまでペルソナの明確化、ネタ出しとやってみていかがでしたか？　なんとなくお客様の理解度が深まってきましたでしょうか？　思いついたネタは、どんどん書き足しておいてくださいね。

10 ペルソナが好きな言葉を明確にしておこう

ここからは、もう1つ大事なポイントとして**「ペルソナが好むコトバを明確にしておく」**ということをやっていきたいと思います。

ペルソナ設定のときに性格や口ぐせを出す項目があったのですが、性格によって、同じものであっても好むコトバが全く違います。

例えば同じ旅行でも、価格を求める人と、質を求める人とでは、響く言葉は全く違いますよね。

「限定プラン！格安旅でお得に旅を楽しもう！」

この言葉が響くのは、価格を求めている人だけ。せっかくの旅だから普段できない経験をしたい、ちょっと良いところに泊まりたいと思っている方には、全く響きません。
このように、**求めているものが違えば響くコトバも違うのが、ライティングの面白いところ**です。

今回ペルソナ設定で登場したまなさんは、向上心があり、やってみたいことにはチャレンジする、ちょっと負けず嫌いな性格でした。そんなまなさんは、

**「やる後悔とやらない後悔、どちらがいいの？
こうして悩んでいる間にも、ライバルはどんどん夢を叶えていっています」**

と言われたら、負けず嫌いの性格に響きそうな気がしませんか？

でも、まなさんとは違って、自分からいくのが苦手、やってみたいと思うことはあっても怖くて進めない、寄り添ってくれる人がいれば頑張れる、みたいなタイプの方だったらどうでしょうか？

「分かってるけど、できないんだよな……だから私には無理なんだよな」とかえってマインドが下がってしまうかもしれません。そうなってしまうと、書いているのに伝わらないという状況に陥っていきます。

このように、**性格によって好むコトバが違うからこそ、あなたのペルソナさんはどんなコトバや言い回しが響くのかを明確にしておくことは、とても大切なこと**です。

先ほどネタ出ししたものから書くときも、言い回しがペルソナの好みに沿っているかは確認ポイントの1つ。

ぜひ、どんな言い回しを好んでいるか想像してみてくださいね。

11

ペルソナが絞れない場合はどうする？？

どうしてもペルソナを絞れないんです……という生徒さんがいらっしゃいます。実際、スピリチュアルのスキルなどでは、絞りにくいこともあります。その場合には、**記事のジャンルで絞るというやり方もあります。**

例えば、大枠として人間関係というポジションを取っておき、記事の中で夫婦関係・会社関係・親子関係など、3～4ジャンルに分けて配信を続けていくと、あなたの所へ来てくださるお客様の傾向が見えてきます。

明らかにLINEやメルマガへの登録率が上がるジャンルが分かった場合にはそこに絞るなど、**配信しながらテストをする感覚でデータを取ってみましょう。**定期的にリストでお客様に何に興味があるのかアンケートを取ると、残ってくださっている方の傾向が見られますので、そちらも合わせてやってみてくださいね。

第4章

お客様がクリックしてしまう
タイトル付けのコツを
マスターしよう

1

なぜタイトルがこれほどまでに重要なのか

いよいよタイトルの回に入っていきます！　タイトルが9割なんて言われるくらい、SNSの世界では重要視されているのですが、その理由が分かりますか？

ズバリ **「タイトルが良くなければ、どんなに良い内容を書いていてもクリックされず、見てもらえない」から**です。

つまり、あなたの記事を読んでもらう最初の突破口が、このタイトルなのです。

そもそもお客様はどんな風にあなたの記事をクリックするか、考えたことはありますか？　著名人であれば名前で検索してブログやインスタを見つけてもらえますが、私たちのような一個人の場合、名前で検索してもらえることはまずありませんよね（自分で書いていて悲しいですが……）。

多くの場合は、
GoogleやYahoo!で検索したらたまたま引っかかった、
SNSの中でたまたまおススメに出てきた
↓なんとなくタイトルが目につき、気になったらクリックする
↓なんとなく本文を読み始める
↓読みやすい、ためになる、面白いと感じたら最後まで読む
↓飽きたら3秒でいなくなる

お客様は本や参考書を買ったときのように、読むぞ！ と思って読んでいるのではなく、たまたま、なんとなく検索で出てきたようなケースがほとんどです。ソファでくつろぎながら、移動時間になんとなく。

私たちはこのように、なんとなく読み始めたお客様に向けて配信をしていくので、**タイトルがお客様の興味のあるもの、魅力あるものでないと、そもそもクリックすらしてもらえません。**せっかく検索やおススメで引っかかったチャンスを逃さないためにも、しっかりタイトルマスターになっていきましょう！

2

タイトルを付ける前に大事なポイントを押さえておこう

タイトルを付ける際に意識しておかなければならない大事なポイントがあります。

ほとんどの商品には、お客様のタイプは2タイプいます。

Aタイプ↓ 商品のことは知っていて、興味がある。

自分に必要だということにも薄々気づいているけれど、

まだあなたから受けるとは決めておらず、他も見ている状態

Bタイプ↓ 商品が自分の求めているメリット・ベネフィットを叶えてくれるものでも、

まだその商品が自分に合うということに気づいていない状態

この、AタイプさんとBタイプさん、ライティングの際に圧倒的に差が出るのですが、何が違うでしょうか。ぜひ考えてみてください。

いかがですか？ 圧倒的な違い、見つかりましたか？

答えは、**Aタイプさんは商品を知っているので、タイトルに商品名を入れても問題がない一方、Bタイプさんは商品が自分にとって必要だと気づいていないので、タイトルに商品名を入れてもピンと来ずに素通りしてしまう**、ということです。

例えば、紐を引くだけで野菜をみじん切りにしてくれる、ぶんぶんチョッパーという商品が一時期話題になりました。

Aタイプさんは商品を知っているので「ぶんぶんチョッパー入荷しました！」と伝えれば分かります。一方、Bタイプさんは野菜のみじん切りが苦手だけど、ぶんぶんチョッパーの存在を知らないので、この文言を見てもピンと来ませんよね。

しかし、このBタイプさんが、「苦手なみじん切りが糸を引くだけであっという間に解決！」と言われたらどうでしょう？ 興味を持ってクリックする可能性は上がると思いませんか?

商品をまだ知らないからこそ、まずはメリットに興味を持ってもらってから、それを解決できるのがこの商品だと知ってもらう必要があるのです。

今回ご紹介しませんでしたが、特Aタイプさんもいます。特Aタイプさんは、既にあなたとの信頼関係が出来上がっていて、あなたのファンになってくれている、いわば、あなたが提供する商品なら何でも受けます!という提供側からしたら理想のタイプです。

ですが、比率としては一番少ないピラミッドのてっぺんゾーンの方なので、ここだけを狙っていくのはなかなか難しいと思います。

全体の比率としては、ピラミッドの一番下がBタイプさん、真ん中がAタイプさん、一番上が特Aタイプさんです。

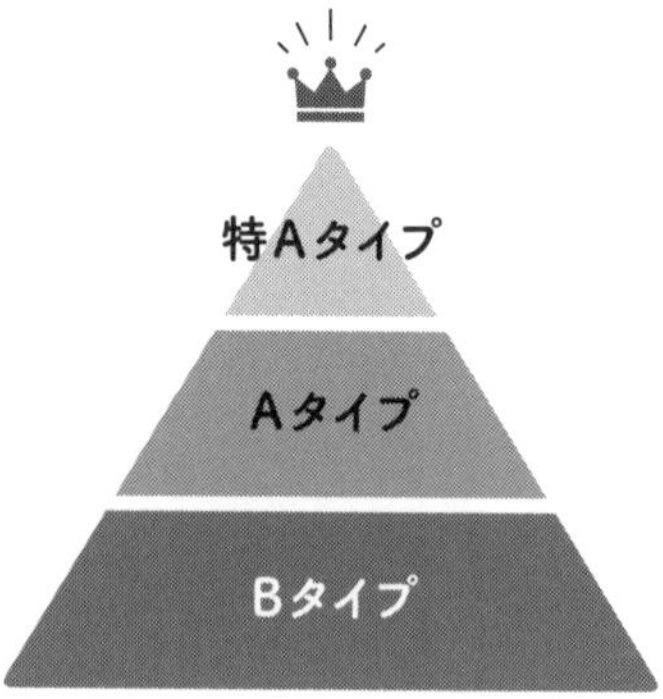

3

あなたが欲しいお客様に合わせて言葉を選んでいこう

先ほどの**Aタイプさん、Bタイプさん、どのゾーンを狙っていくのかを決めておくことも大事なポイント**になります。

特Aタイプさんを狙いたい！というのが理想かとは思いますが、いきなり狙うのはかなり難しいので、ほとんどの方はAタイプさんかBタイプさんを狙うことになります。

例えば、養成講座をやりたい・育成をしたいということであれば、商品名やある程度の知識は必要なので、おのずとAタイプさんを狙うことになります。一方、単発セッションをやりたい・多くの方に知ってほしい・現段階で商品に対する知識などはなくても構わないということであれば、一番人数が多いBタイプさんを狙っていくのがいいでしょう。

AタイプさんとBタイプさんでは商品名を書くか書かないかという大きな違いが出てきますので、**あなたがどのゾーンのお客様が欲しいのかは、明確にしておきましょう。**

4

タイトル付けのコツ①

一から全部作らなくてもいい

早速タイトル付けのコツに入っていきますが、いきなりタイトルを一から自分で作るのは難しいと感じる方もいらっしゃると思います。

そんなときはまず、**本屋さんに並んでいる本や電車の中吊り広告で、あなたがつい手に取ったもの、ついその先を見たものをメモしておきましょう。**

私たちが本屋さんに行って自分が欲しいジャンルの前で立ち止まったとき、あなたは何を参考に本を選びますか？　そう、タイトルですよね。本のタイトルには、ライターさんや本に長年携わっている方など、その道のプロが関わっています。あなたが数ある本の中で目についたのであれば、お客様の目につく可能性も十分にあると考えられます。

電車の中吊り広告は、あの1枚で目を惹くように、本商品が気になるように作られているコピーの宝庫です。私はあまり電車に乗る機会はないのですが、乗ったときには必ず全体を見まわしている、ちょっと変な奴かもしれません（笑）。

そして**良いタイトルを見つけたら、あなた仕様に変換していきましょう。**

例えば、「〇〇地図」というタイトルは本でもよく使われていますが、

- **あの人の心を一瞬で掴む♡恋愛トリコ地図**
- **満席まで一直線！ 最短集客地図**
- **不安から抜け出す感情ルートを知ればリバウンドの心配なし！**

など、カタカナや英語に変えても構いません。

ぜひいろんなパターンを出してみて、一番しっくりくるものを使ってください。

5

タイトル付けのコツ②

業界でよく使われるコトバを明確にしておく

どの業界にも言えることなのですが、**その業界独自のよく使われるコトバというのがあります**。例えば集客の業界であれば、

・満席
・売上
・成約率
・売れる○○
・月商100万

などはよく使われるコトバです。一方、スピリチュアルの業界であれば、

・異次元
・光が降りてくる
・見えない世界
・高次元
・パラレルワールド

など、集客の業界とは全く違うコトバがよく使われています。

よく使われるということは、その業界に興味のある方が好むコトバであるとも言えます。

なので、**同業さん何人かの配信をリサーチしながら、よく使われるコトバを見つけておきましょう。**

それらをタイトルに入れるとお客様の目につきやすくなりますし、同時に専門性も伝わりますのでおススメです。

6

タイトル付けのコツ③

数字マジックを使いこなせば魅力3倍アップ?!

・15秒に1個売れている
・累計3万個!
・92%が効果を実感した

街中でもよく見かけるこんな数字マジックは、SNSの配信でもたびたび使われています。この**数字を使うときのポイントは、一番インパクトが強い数字を見つけて使うこと**です。例えば、

・15秒に1個売れている
・1分に4個売れている

どちらも同じことを言っていますが、「15秒に1個」の方がなんとなく売れているように感じませんか？

このように、同じことを言っていても印象が変わるのが、数字マジックのすごいところなのです。

まだ実績が少ないから数字は使えないかな？　というときも諦めるのは早いですよ！「5名様に提供」だと確かに数字としては少ない印象がありますが、5名中4名が満足しているならどうでしょうか？「満足率は80％」になりますね。このように満足率や変化率であれば、初期の頃でも比較的大きい数字が使える可能性があります。

ただし、100％という数字には注意してください。法律でそもそも使えない業種もありますし、今後来てくださるお客様に変化が出なかった場合、100％と書いてあったのに、というトラブルに発展することもあります。

また、90％や85％などのキリの良い数字よりも、92％や84％などの半端な数字の方がリアリティがあると言われます。キレイな数字よりもリアルな数字を使ってくださいね。
他の数字の使用例としては、以下のようなものがあります。

・90%の満足率
・LINEの登録者が1か月で6倍に増えた方法
・3人中2人が3か月以内に大好きな人から告白された
・40年来の悩みが嘘のように解決した
・驚きの変化を遂げたマル秘テクニック3選（3選や5選はよく使われます）

こちらもご自身に合わせて使ってみてくださいね。

7

タイトル付けのコツ④

あえて否定することで興味をひく

・彼氏を作りたいなら今すぐマッチングアプリをやめてください
・集客したいなら、リスト集めはやめてください
・自分を好きになりたいなら、**自己肯定感を高めようとしないでください**

このような「○○しないでください」を基本とした、否定形を使うやり方です。

「○○しないでください」だけではなく、意味合いとして常識を否定していれば、この手法に当てはまります。

私たちは、自分の意見は正しいと無意識に思っています。そしてそれを否定されると、気になってしまうもの。その性質を活かした手法がこの否定形です。

「みんなが当たり前のように思っていること」をあえて否定することでインパクトが強

くなりますので、**あなたの業界で一般的に言われていることとは違う意見をあなたが持っている場合には、おススメの手法**です。

少し高度なテクニックですが、みんなが当たり前に思っていることを逆から言えないか考察していくと、他の方とは一味違う配信に変わっていきますよ。

〈使用例〉

・子どもに怒りたくないなら、今すぐ優しくしようとするのをやめてください
・ダイエットを成功させたいなら、今すぐお腹いっぱい食べてください
・お金を貯めたいなら、貯金はやめてください
・自分の運気を知っても、開運しません
・集客したいなら、配信頻度を落としてください

注意してほしいのは、本文の中できちんと否定する理由を述べること。タイトルだけで否定していても、それがなぜかを説明できないと、過大表示のイメージがついてしまい、かえって足を引っ張ります。なぜ違う意見を持っているのか、説明してくださいね。

8

タイトル付けのコツ⑤

隠すことで続きを見てもらう

・大事なのは○○をすること
・成功の秘訣はココにありました
・例のアレ、入荷しました！

このように、隠すことで続きを見てもらう手法です。専門用語でガイザニック効果とも言われますが、テレビでも「続きは30秒後！」や「次回予告」などがありますよね。あれも少しだけ内容を見せて気にかけてもらうこの手法を使っています。

人はどうしても、隠されると答えを知りたくなってしまうもの。タイトルでは○○やアレ、などで答えを隠すことで、クリックして本文を読んでもらえるように誘導します。

ただし、この**隠す手法はあまり多用しすぎると、「この人いつも隠しているけど、実際中身は他の人と同じなのよね……」などと嫌われる原因となってしまいます。**

以前は、「続きはメルマガで！」とメルマガ登録へ誘導し、リストを増やす手法が使われていましたが、昨今ではたくさんの方が情報公開されているので**「出し惜しみするケチな人」という印象がつきやすく、あまりおススメしていません。**

頻度に気をつけながら、使ってください。

9

タイトル付けのコツ⑥

インパクトのある言葉を使う

・即日満席を作り出せるワケ
・キャンセル待ちが出るほど人気になった理由
・本当は教えたくない彼を虜にした方法

このように、**インパクトのある言葉をタイトルに入れていく手法**です。

5項でお伝えした、あなたの業界でよく使われるコトバを入れていくのですが、ここではいくつか、どの業界でも使いやすいフレーズをお伝えしておきますね。

・後日消します
・他では絶対教えない

・一番効果があった
・有料級
・劇的変化
・たった○回で
・みんな知ってる

前後に言葉を付け加えて使ってください。意味が伝われば、コトバを変えて大丈夫です。

10 タイトル付けのコツ⑦ 相手を指定する

・35歳、今年こそ結婚相手を見つけたいあなたへ
・いい加減自分を変えたいあなたへ
・夫婦関係を修復したいあなたへ

このように、どんな人かを限定して書く手法です。
ドンピシャで困っている方に向けてのアプローチとなりますので、絞ったターゲットに響きやすくなります。

状況、状態、年齢などの使用が考えられますが、絞れば絞るほど響く人数は少なくなっていきますので、あまりにも絞りすぎないようにだけ注意してくださいね。

オンラインで完結する商品の場合は特に意識しなくて大丈夫ですが、お店やお教室など、お客様に来ていただく場合は、地名を指定することになりますよね。

この際のポイントとして、**電車やバスなど公共交通機関で繋がっているところまでは、範囲を広げて限定してみてもいい**でしょう。

都内で言えば、池袋は東京の都心ですが、実は埼玉県在住の方も電車で出やすいこともあり、お買い物に行かれる方が結構いらっしゃいます。

あなたの地域でも沿線で繋がっているところや、車で30分圏内などの範囲であれば、広げてみるのもおススメですよ。

11

タイトル付けのコツ⑧

ベネフィットを伝える

・毎日当たり前にリストが増える
・彼からの連絡が鳴りやまなくなる
・今までの悩みが嘘のように前向きになれる

お客様がなりたい・得たい理想の状態のことをベネフィットと言いますが（ベネフィットについては後ほど詳しく説明します）、この**ベネフィットをタイトルで伝えることで、「私もそうなりたい」「どうしたらできるようになるんだろう」と興味を持ってもらいやすくなります。**

悩み出しワークでもお伝えしましたが、お客様には私たちの商品を通して得たい未来があります。その未来（ベネフィット）を伝えることで、響くタイトルへと変わっていきます。
ぜひ取り入れてみてください。

〈使用例〉
- **話しかけても「うん」しか言わなかった夫がデートに誘ってくるようになった**
- **問い合わせだけで満席になる**
- **職場に苦手な人がいても気にしなくなった**
- **気づけば毎月の貯金が3万円増えた**
- **何かした？と聞かれるくらい小顔になった**

このベネフィットはタイトルだけではなく、本文でもＬＩＮＥやメルマガへの登録を促す際にとても役立つ部分です。詳しくは第5章7項でお伝えしていますので、必ず押さえてくださいね。

12

タイトル付けのコツ⑨

五感＋心を使って感情に訴えかける

第3章9項悩み出しワークの「五感＋心」はそのままタイトルに使うことが可能です。

・もう申し込み止まって～！　というくらい通知が鳴りやまなくなりました
・不安で夜も眠れない恋から卒業する方法
・数か月前まで家に帰りたくないな……と思っていたハズなのに今ではすっかり……
・ため息しか出ない家計簿から余裕が生まれるようになった方法
・見かけただけで緊張して手汗が止まらなかった上司から好かれたヒケツ

「五感＋心」を使うタイトルは、あまりこねくりまわすよりも、そのまま使った方が伝わりやすくなります。**変に考えすぎずにストレートに書くのがおススメ**です。

13

コツを掴めば、いろんなパターンでタイトルを考えられるようになる

いかがでしたでしょうか？

タイトル付けは難しいと感じる方も多いと思います。最初からビシッと決まるタイトルを付けられる方はそうそういません。コツコツと練習する中で上達していくものです。大事なのは、触れ続けること。冒頭でお伝えした通り、タイトルはSNS集客において超重要な部分。だからこそ、書き続けてコツコツ積み重ねていきましょう。

ちなみに、**今回お伝えしたポイントはかけ合わせて使うこともできます**。例えば、

・同じ悩みを抱えていた87%がこの方法であっさり解決してしまいました

【数字＋隠す】

・毎回大好きな彼に振られるあなたへ　他では絶対教えない究極の恋愛術をお伝えします

【誰かを指定＋インパクトのあるコトバ】

・もうセミナーへ行くのは無駄なのでやめてください。今すぐ売れる方法教えます

【否定＋業界で好かれるコトバ】

いろんなコツをＭＩＸして使っていただけたらと思いますが、たくさんのコツを１つのタイトルに入れようとしすぎると、何が伝えたいのかが分からなくなってしまいます。

例えば、

・10人中9人が効果ありと答えた！
これまでより効果１２０％アップ容量２００％増量の……

もうなんの数字か分からなくなってきますよね（笑）。

どの要素も1タイトルに1つ、他のコツとかけ合わせるときも、MIXするのは2つく

らいにしておくのが、バランスが良いと思います。

また、タイトルが出来上がった際には、ぜひ一度、声に出して読んでみてください。**声に出して違和感があるもの、読んでみてなんとなく違和感があるものは、使わない方が賢明**です。

タイトルはあくまで、本文を読んでもらうためのきっかけです。あまり長すぎても表示されなかったり、ごちゃごちゃしすぎて読みにくくなってしまったりして、それだけでお客様は読むのをやめてしまいます。

あくまで目安ですが、20文字前後で終われるといいでしょう。

14

困ったときはこれを使って！ ハメるだけで使えるタイトル型

最後に、型にハメるだけで使えるタイトル型をいくつかご紹介しておきます。タイトル付けに悩んだときにはこのページを見返して参考にしてくださいね（言葉の前後は違和感がないように置き換えてください）。

- ○○の人が××になった方法
- ○○な人は必ずやっているポイント3選
- 失敗したくないなら、コレをやってください
- 本当は教えたくない○○になるヒケツ
- ○○したいなら今すぐ××はやめてください
- ○○した結果……

・なぜ、あの人は○○で成功したのか（失敗したのか）
・○○できた理由はココにあります
・コレを意識した結果、○○になりました
・最新の○○を知れば、一気に解決します
・こうして私は○○できました
・だからあなたの○○は成功しない
・○○の状態をあなたが手に入れる方法
・限定公開、失敗しない○○教えます
・簡単にできる○○のコツ3選

第5章

1記事で圧倒的に
お客様の心を惹きつける！
5Stepライティング

1

商品を購入してほしいのか、リストに繋げたいのかを明確にする

いよいよ、タイトルの次に重要な本文に入っていきたいと思います。

本文を通して、いかにお客様の心を惹きつけられるかで、共感していただけるか、ファンになっていただけるかが決まります。最終的に言えば、リストや売上に繋がる部分でもありますので、しっかりと落とし込みをしていきましょう。

前半では文章を書く前に知っておいてほしいことや、お客様の心を掴む5ステップ配信、後半では少しテクニックを加えた造語や例え話の作り方など、お伝えする内容も徐々にレベルアップしていきますので、ぜひ楽しみながら進めてください。

まず、本文を書く前に、何のためにその文章を書くのかを明確にしておきましょう。

ＳＮＳ集客と言っても、文章からそのまま商品購入を促すやり方と、ＬＩＮＥやメルマガなどリストにご登録いただいて、そちらで商品を販売するやり方では、構成が異なります。

私は生徒さんにはリスト集客（ＬＩＮＥやメルマガにご登録いただいて、そちらで商品を販売していく方法）をおススメしていますし、自身もそうしています。

それぞれのメリット・デメリットをまとめると……

＊ブログから直接販売する場合

メリット

お客様が欲しいと思ったタイミングですぐに申し込める。値段に納得して申し込みをしてもらえるので、セールスが要らない。

デメリット

値段で比較されやすく、価格競争に巻き込まれやすい。信頼関係が出来ていないので、単発の商品は売れることもあるが、継続商品など高額商品は売れにくい。

ブログから直接販売する場合は、建売物件のチラシがポストに入っているのと同じ状態です。どんなにあなたの商品がお客様の求めているものにマッチしているとしても、直接お会いして内容や支払い方法などをご提案することができません。そのため、**内容をきちんと見ずに値段だけで判断されていると、ご縁が繋がらない可能性が高くなります。**

＊LINEやメルマガなどリストから販売する場合

メリット

個別相談などでお客様にお会いできるので、フィーリングが合うか、商品がお客様に本当に適したものか、などを確認し、支払い方法についてもさまざまなご提案ができる。

デメリット

お客様の欲しいタイミングで提供できない。事前に値段が分からないという不安がある。

LINEやメルマガなどリストから販売する場合は、**お客様が普段の配信を見て、私たち配信側の想いや価値観をある程度認識して来てくださるので、意欲のある方と出会える**

可能性が高くなります。特に継続講座など長期の場合は、長く付き合っていくからこそ、フィーリングが合うかどうかは大事なポイント。ただし、セールスをする必要があるので、セールススキルを身に付ける必要も出てきます。

どちらも一長一短がありますので、ご自身の性格も合わせて最終的な判断をされたらいいと思います。

直接お会いするのはどうしても苦手、単発セッションのみの提供でも構わないということであれば、直接集客でも大丈夫でしょう。

しかし、**継続講座や高額講座を販売したいということであれば、信頼できない人から高額講座を購入する方はまずいないので、リスト集客をおススメします。**

2

ブレない文章を書くためには、先にゴールを決めておく

第1章で「ライティングを制する者は、お客様の心を制する」とお伝えしましたが、**もう1つライティングで大事なことがあります。それは、書く前の事前準備**です。

「文章の良し悪しは書く前に既に決まっている」と、プロのライターさん達もこぞって仰っています。このことからも、事前準備の大切さが伝わると思います。

これまでポジショニングやペルソナ設定など、たくさんの事前準備をしてきましたが、文章を書く前の事前準備で必要なことは、

「その記事で一番伝えたいことは何か（ゴール）を先に明確にしておくこと」です。

よく、「書いているうちに何を書いているのか分からなくなってしまいます……」というご相談をいただくのですが、これもゴールが何かが自分の中で明確になっていないから起きてしまうこと。

車のナビに目的地を入れておけば、多少道を間違えてもたどり着けるように、**書く前に今回の記事で一番伝えたいことは何かを明確にしておくことで、意識がそこに向かいます。**するとブレなくなりますし、何を書いているのか分からなくなって投稿できなかった、ということを回避できます。

まずは一番伝えたいことは何か、こちらを明確にしてくださいね。

3

1記事で伝えていいのは1つだけ

私たち書き手は、少しでもお客様の役に立ちたい！　アドバイスは全部伝えたい！　など、ギブの精神に溢れがち。それはとても素晴らしく、大事なことなのですが、お客様はこれからあなたの業界のことを知っていく方がほとんど。**一度にたくさんのことを言われても、覚えきれないし、どれから手を付けていいのか分からなくなってしまいます。**最悪の場合、「分からないし面倒だからやめよう」となってしまうことも。

車の免許を取りに行くときも、まずはエンジンのかけ方、ミラーの合わせ方、発進、慣れてきたらバックの練習など、少しずつ覚えていくことで運転に慣れていくように、お客様も一歩ずつ。**1記事1メッセージを意識しておきましょう。**

解決策が何個もある場合は「解決策は○個あるのですが、今回は＊＊について詳しく書きますね」とお伝えしつつ、解説は1つだけにしておくと良いでしょう。

4 文章は短い方が良い？ は大きな誤解

「文章は短い方が良いのですか？」というご質問もまたよくいただくのですが、私はこれに関しては「気にしなくていい」とお伝えしています。

もちろん、ただダラダラ長く書くのはおススメしませんが、短くしようとして大事な部分を削り、お客様の心に響かなかったら何の意味もありません。**私たちが気にするべきは、文字数よりも「お客様の心に響くものが、その文の中に入っているか」**です。

LINEの配信は文字数が1枠500文字×3枠までと決まっており、改行などもカウントされてしまうので、実際は1000〜1200文字程度しか配信できませんが、それ以外のSNS配信では、まずは書いてみてくださいね。

5

さぁ、5Stepライティングでお客様の心を惹きつけよう！

それでは、いよいよ本文に入っていきましょう！

今回は5つのポイントに絞ってお伝えしていきますが、順番はお伝えする通りに書いても、入れ替えてもらっても構いません。型通りにハメることが目的なのではなく、**お客様に伝わるポイントがきちんと1記事の中に入っていることが大事**です。

言い方を変えると、この5つは本を見なくても覚えていられるくらい、落とし込んでほしいポイントです。それではいきますね!!

Step 1 無名の私を知っていただくために、お客様の興味があることを掲げていこう

少しおさらいになりますが、そもそもお客様はどんな記事を求めていたでしょうか？

どんな記事をクリックするでしょうか？

そうです、「ワタシの知りたい情報あるかな」「ワタシが悩んでることの解決策あるかな」など、**主語は「ワタシ」**。

例えば、悩み事があって解決策を探しているときは、検索して出てきた記事の中から、なんとなく気になったタイトルをクリックして本文へと入っていきます。

インスタグラムなどでたまたまおススメに出てきたときも、自分が気になる・興味のあるコトバや写真が入っていなければクリックしようとは思いませんよね。

有名になれば名前で検索してもらえることもあるかもしれませんが、**まずは知っていただくキッカケを作るためにも「お客様の興味があること、興味のあるコトバ」を掲げておく必要がある**、というのは再認識しておきたいところ。

もちろん、どうしてもこれを伝えたい！　というときは書くと良いですが、あまりそちらに偏りすぎると、お客様に響かず反応が取れないということにもなりかねませんので、バランスは気にかけておきましょう。

【お客様の興味があること】

Step 2

自分の想いを書きなさい！はStep1とセットで考える

起業塾に通っていたり、ライティングを学んだりしたことがある方は、一度は聞いたことがあるのではないかと思われる「自分の想いを書きなさい」というフレーズ。私も散々聞いてきましたし、「自分の想いを書いているのに売れないんだよな……」と悩んでもいました。

Step1でもお伝えした通り、お客様は自分のことにしか興味がありません。初めて私たちの配信を見たときはもちろん、なんならLINEやメルマガに登録した時点でも、まだ私たち書き手に興味がない場合がほとんどです。

あなたにもありませんか？特典が魅力的だったのでとりあえず登録はしたけれど、後々この人誰だっけ……？なんていうメルマガ。残念ながら、お客様が私たち書き手に興味を持ってくださるのはもう少し後になってからです。

最初のきっかけとなるSNS配信では、ただ自分の想いを書くのではなく「お客様の興味のあることに対して自分の想いや経験を書く」というのが正しいステップ。この前提を忘れてしまうと、「想いを書いているのになぁ……」と過去の私のように、書いているのに売れない道をたどってしまいます。

ただし、第1章8項でもお伝えした通り、**自分の想いまでお客様の望む答えに寄せて書く必要はありません**。YESを求められているとしても、あなたがNOだと思うのなら、NOと伝えていきましょう。「お客様が求めてるものしか書けなくなってしまうのでしょうか？」と不安になる方もいらっしゃいますが、悩みにフォーカスするだけですので、安心してくださいね。

ちなみに、**この経験や想いの部分は、あなた以外のことでも大丈夫**です。生徒さんで同じような経験をされていた方がいるのであれば「生徒さんにも同じように悩んでいた方がいたのですが」とその経験を書いたり（生徒さんに許可をもらっておくと安心です）、その生徒さんを見ていて、あなたが感じたこと、伝えたいことを書いたりすると良いでしょう。

【お客様の興味があること＋自分（生徒さん）の経験や想い】

Step 3

これをされてイヤなお客様はいない。まずはいったん受け入れる

求めるものは違えど、悩みを解決したかったり、夢を叶えたかったりと、どんな業界のお客様でも持っている感情というものがあります。

例えばあなたが不安なとき、どんな言葉をかけてもらえたら、ホッとするでしょうか？あなたが何かに挑戦したいけど迷っているとき、どんな言葉をかけてもらえたら、やってみようと思うでしょうか？

私は割と1人でも突き進んでいくタイプですが、それでもやっぱり「頑張ってるよね、すごいよね」「あなたならできるよ」なんて言ってもらえたら嬉しいし、もっと頑張ろうと思えます。また、落ち込んだときや、辛いときは「大丈夫だよ」「それは辛いよね」なんて言ってもらえたら、心にじ〜んときます。褒められたり、自分が辛いときにそっと寄り添いの声をかけられたりして、イヤな方なんてほぼいません。

お客様は、私たちの配信を無意識に会話をしているように受け取っています。「〜で悩んでいませんか？」という文章を読んだときは、心の中で「うんうん」と頷いていたりす

るもの。だからこそ、悩みを解決する系の記事であれば、ここまで頑張っていることへの労いの言葉をかけたり、夢を叶えたい・未来を変えたい系の記事であれば、あなたにもできるんだよというエールを送ってあげたりすること。

つまり、**読者への「共感」をきちんと書いておくこと**。これが3つ目のポイントです。そこでは、ただ「辛いですよね」「頑張ってますね」だけではなく、**Step2の経験談とともに伝えられると、より一層、共感力は上がっていきます**。

例えば「私もこういう経験をしてきたからその気持ち、すごくよく分かるよ」「私も以前は自分のことが大嫌いで、幸せなんて一番縁がないと思ってた。そんな私でも、今こうしてすごく幸せだから、あなたも絶対そうなれる。だから一緒に頑張ろう！」などなど。

ライティングというと難しく考えてしまう方が多いのですが、私は**「ライティング＝会話」**だと思っています。迷ったときには「目の前で大切な人が悩んでいたら、なんと声をかけるだろう？」と考えてみてください。あなたらしい共感の言葉が、出てくるはずですよ。

【お客様の興味があること ＋ 自分（生徒さん）の経験や想い ＋ 共感】

Step 4

お客様が求めているものは何だろう??

ここまで、お客様のお悩みにフォーカスしながら、あなたの経験や想いを交え、そして共感しましょう、ということをお伝えしてきました。この時点でもお客様に響く内容が出来てはくるのですが、まだお客様の求めているゴールへは到達していません。

では、私たちの配信を読んでいるお客様のゴールとは、何でしょうか?

そうです。**「問題を解決すること」**です。ですから**私たちは「解決策」をきちんと明記することが大事**なのです。悩みをどうにかしたくて読んでいるのに、結局どうすれば解決できるのかが書いていなかったら、ガッカリしますよね。問題提起したら、しっかりと解決策も書いていきましょう。

このときの**ポイントは、「解決策が難しすぎないこと」**です。問題解決の方法が難しいと「難しくて私にはできないな……」と結局やらずに終わってしまいます。また、一度読んで難しいと思った人の他の記事を読む方はまずいません。取り組みやすい解決策をお伝えし、まずは最初の一歩を踏み出してもらいましょう。

ただ、解決策が簡単すぎたり、業界的にメジャーで今更感があったりする場合は、**あえて閉じられてしまうのを回避するコトバを繋げておきましょう。**「簡単すぎてこんなことで変わると思いますか？」「既に知ってるよという声も聞こえてきそうですが、あえてお伝えすると、知っているとやっているは違うんですよね」といったものです。

このときに**意識してほしいのは「お客様が読んだときにどんな感情を持つか」をイメージすること。**「こんな簡単なことで変わるなら苦労しないわって思うかもなぁ」「他の人も同じこと言ってるし、既に知ってるんだよねって思うかも」などと予想を立て、それごと伝えると「あれ、今私の心読まれた？」とつい続きを読んでしまいます。

お客様が読んだときの感情を考えるのは、解決策を書く以外のときにもとても大事なこと。この心の声を書けるようになると、ライティング力と惹きつけ力は一気に上がっていきます。ぜひお客様視点で読む癖をつけてくださいね。

【お客様の興味があること＋自分（生徒さん）の経験や想い＋共感＋解決策】

Step 5

未来が見えたとき、やってみよう！と希望を持ってくれる

いよいよ最後のステップとなりました。お客様の悩みに寄り添いながら想いを伝え、共感と解決策をお渡しした私たちが最後にお伝えすること。

それは**「解決したら、どんな未来が待っているのかを提示すること」**です。

よく、女性は感情でモノを買うと言われますが、「こんな未来が手に入ったら幸せになりそうだな」「この人みたいになりたいな」「なれるのだったら、やってみようかな！」こう思っていただけたら最高ですよね！　自分で動くまでが大変だからこそ、解決策だけではなく、解決した先にある未来までお伝えすることで、まずは少しでも行動してみようかなと思ってもらう。特に女性は、トキメキやピンと来た！　など感情を大事にする方が多いからこそ、文章を読みながらイメージしてもらえるように、解決した先の未来をきちんとお見せしましょう。

このときのポイントは**「お客様が求めている未来を提示する」こと。**いくら未来を提示

しても、お客様が求めている理想でなかったら心には響きません。お客様が叶えたい夢、手にしたい未来は何かを、これまでのペルソナ設定や悩み出しワークの中から見つけておきましょう。

【お客様の興味があること＋自分（生徒さん）の経験や想い＋共感＋解決策＋未来を魅せる】

これで5つのステップ全てが揃いました！ これが私の考える、惹きつけライティングのベースです。この章の最初でもお伝えしたとおり、順番は全く関係ありません。ポイントとして入っていれば大丈夫です。書き方によっては「こんな未来を手にした方法、知りたくありませんか？」という文からのスタートもあるでしょう。いろんな書き方をしてみてくださいね。

ここから、5ステップを応用したライティングの型をお伝えしますので、参考にしてください。

問いかけライティング

・～で悩んでいませんか？（問題提起）
・その状況、辛いですよね（共感）
・私も以前は……（体験談）
・でも大丈夫です、そこから抜け出すには（解決策）
・解決したらこんな未来が待っています（未来を魅せる）

説得ライティング

・〇〇で悩んでいるあなた（問題提起）
・××と思っているかもしれませんが、それは違います（キッパリと）
・そうなっている原因は△△だからです（原因が起こっている理由）
・ではどうしたらいいのかと言うと（解決策）
・それができるようになればこんな未来が待っています（未来を魅せる）

未来を先に伝えるライティング

・今では○○な状態の私ですが、以前は××だったところから抜け出した方法、知りたくありませんか？（未来を魅せる）
・私が××だったときは……（体験）
・でも大丈夫です、具体的に何をやればいいかと言うと（共感・解決策）
・解決した先にはあなたにもこんな未来が待っていますよ（未来を魅せる）

激熱な想いを伝えるライティング

・○○なあなたに伝えたいことがあります（相手を指定）
・私自身が、これまで××の経験をしてきて……（体験）
・だから私は伝え続けたいと思っています。（決意）
・例えそれが××だったとしても○○なら私は諦めません（強い意志）

6

自分の抜けがちなクセを知っておくと書き漏れしにくくなる！

5つのポイントについて、型通りに書くことが目的ではないとお伝えしましたが、書くのは別に苦手じゃないという方も、**一度は箇条書きで書き出してみていただけたら**と思います。

なぜかと言うと、私たちはみんな、自分のクセというのを持っています。得意な部分もあれば、抜けがちな部分もあります。なので、自分がどこが抜けがちなのかを確かめるためにも、やってみてほしいのです。

案外、未来を魅せる部分が抜ける方が多いです。**抜けがちな部分が分かればおのずと意識しますので、書き忘れを回避できるようになります。**

おススメなのはこれらを箇条書きにしてみることです。

・何を書くのか
・一番伝えたいことは何か
・自分や生徒さんの同じような経験と、その際に感じたこと
・解決策
・解決した先にある未来

ここまで出来ていれば、ほとんど出来ているようなもの。後は文章を繋げていくだけで1記事出来上がります。

この箇条書きをやっていただくと、書くのが得意じゃない・書きながら分からなくなってしまうという生徒さんでも、「書きやすくなった！」と仰る方がほとんどで、記事の質も上がっています。ぜひやってみてくださいね。

次からは、この5ステップからランクアップしていくためのコツをお伝えしていきます。一度に全部を取り入れられなくても大丈夫。少しずつ取り入れてくださいね。

7

まずはこれ！メリットとベネフィットを理解しておこう

タイトルでも、未来を魅せる部分でも使われるベネフィット。**何か1つだけしかお伝えできないとしたら、間違いなくこのベネフィット！**というくらい、最初に落とし込みをしていただきたい超重要ポイントです。クイズも交えながらお伝えしていきますので、迷ったときは何度でも戻ってきてくださいね。

まずメリットとベネフィットの違いですが、

メリット　↓商品の特徴

ベネフィット　↓メリットによってもたらされる良い未来

のことを指します。例えばフッ素加工のフライパンだと、

メリット ↓ **軽い、フッ素加工**

などが挙げられると思います。このメリットがあることで得られるベネフィットは、

ベネフィット ↓ **くっつきにくい、滑りやすい、焦げ付きにくい、片手で持てる**

などが出てくるかと思います。

私たちがフッ素加工のフライパンを購入したいときって、くっつかないやつがいいな～、焦げないやつがいいな～と思って探していますよね。フッ素加工そのものが欲しいわけではなく、フッ素加工によって得られる「くっつきにくい、焦げ付きにくい」というベネフィットが欲しいから購入を検討するのです。

お金もそうですよね。お金って、それ自体はただの紙切れなので、あの紙の質感が好き・デザインが好きという気持ちで集めている人ってそんなにいないですよね。多くの人が、

旅行をしたい・欲しいものを手に入れたい・安心したいなど、お金を通して得られるものを求めています。これも、ベネフィットなのです。

私たちが扱うことの多い講座であれば、**講座の内容ではなく、その講座を受けることで、どんな未来を得られるのかをお客様は知りたい**のです。つい私たち提供側は、自分たちができることを伝えてしまいがち。講座に自信を持つことは売り手として大事なことですが、ここのズレには注意しましょう。

では、このベネフィットはどうやって見つけていくのか。

おススメなのは、「〜ということは?」と掘り下げていくこと。「つまり・だから?」などでも構いません。ご自身が使いやすい言葉を使って掘り下げてみてください。

例えば先ほどのフライパンの例であれば、

フッ素加工がされている

↓ということは?

くっつきにくい

↓ということは？

焦げ付きにくい

↓ということは？

料理初心者でも使いやすい

↓ということは？

チャレンジしやすく失敗しにくい

「もう料理が苦手とは言わせない！ 初めての料理でも失敗知らずな魔法のフライパン」なんてネーミングができるかもしれません。

他にも、乾燥機能がついているドラム式洗濯機であれば、

乾燥機能がついている

↓ということは？

雨でも洗濯に悩まなくていい

↓ということは？

仕事で遅くなって雨にぬれても洗いなおさなくていい

↓ということは？

干す時間も洗いなおす手間も省ける

↓ということは？

時間に余裕ができる

↓ということは？

趣味の時間に充てられる

まずはとにかく書き出してみましょう。ある程度続けてみて、同じことをグルグルしてきたなと思ったらそこでいったんストップし、あなたのペルソナが求めていそうなものだけを使ってください。

例えば、ドラム式洗濯機の例の場合、お子さんがいる方がペルソナなのであれば、「時間に余裕ができる ↓ 子どもとの時間が増える」や、「ちょっとだけ子どもに優しくできるようになる」（笑）なども検討に入ってくると思います。

最初から考えながらやってしまうと、頭がカチコチで出てこなくなってしまうので、**まずはとにかく出してから検討する、これがポイント**です。

なんとなく、ベネフィットの出し方は掴めましたか？

ここから何個かクイズを出します。次のＡとＢのどちらがベネフィットか、当ててみてください！

「ドライヤー」

Ａ 風量120％アップ
たった250グラム
マイナスイオン大量放出
スタイリッシュなデザイン

B 5分時間短縮
五十肩でもラクラク使える
乾かすだけでサラ艶髪に
目に入るたびに心ときめく

どちらがベネフィットか分かりましたか？　答えは B です。
もう1問いきますよ！

「コーヒーマシーン」

A ボタン1つでコーヒーが作れる
ミルクフローサー付き
豆の挽き方も変更できる
自動洗浄機能付き

B ペーパーの準備も後片付けもいらず挽きたてコーヒーがすぐ飲める
自宅でカフェのふわふわミルクを楽しめる
家族で味の好みが違ってもどんとこい！
何も手入れしなくても、中はつねにキレイです

こちらはどうでしょうか？ こちらも答えはBです。

どちらの問題も、正解のBはAのメリット（特徴）があることによって得られるものですね。そしてお客様が求めているものは、Bのベネフィットです。

せっかくなので講座に置き換えてみましょう。

A ライティングを学ぶことができる
ブログの土台を学ぶことができる
LINEの使い方が分かるようになる

B 読まれるライティングに変えて1記事でお客様の心を掴めるようになる
集客できるブログの書き方を学んで満席にすることができる
LINEで信頼関係を築き、講座が売れるまでの具体的メソッドで即実践できる

いかがでしょうか？　圧倒的に B の方がお客様は興味を持つと思いませんか？

もう耳にタコができるくらいお伝えしていますが、**お客様の興味をひかなければ、どんなに配信を頑張っていても気にすら留めてもらえません。それを少しでも回避するための基本的な部分がこのベネフィット**です。

配信をするとき、講座を作るとき。どんなときでも必ず意識してくださいね。

8

状況を書くことで一気に伝わるものは増えていく

辛かった、苦しかった。嬉しかった、楽しかった。

私たちはいろんな感情を伝えていきますが、そのときにぜひ意識してほしいのが、「どんな風に」だったのかをきちんと書くことです。例えば、辛かったことを伝えたいとき。

「辛かったです。」

↓何をやっても、どれだけ行動しても成果に繋がらなくて、本当に辛かったです。

↓毎日自分の時間なんて一切取らずに、全ての時間を使ってやってきても成果に繋がらなくて、悔しさのあまり、こぶしを握りしめて唇をかみしめながら机を叩いたことも何度もありました。思い返してみても、あの時期は本当に辛かったです。

いかがでしょうか？「辛かったです」と言われただけのときよりも、**どんな風に辛くて、どんな状況を過ごしてきたのかが書いてある方が、そのときの情景をイメージできた**のではないでしょうか？ 嬉しかったというのも同じです。

「嬉しかったです。」

↓心の中で小躍りするくらい嬉しかったです。

↓思わず「えっ！ うそ!!」と咄嗟に出て口を押さえたくらいビックリしたのと同時に、感極まってちょっと泣きそうなくらい嬉しかったです。

私たちは文章を読みながらイメージしているので、そのときの状況がしっかり書いてある方が、より具体的なイメージに近づきます。

こちらも**特に五感の部分、「こぶしを握りしめて唇をかみしめながら机を叩いた」「口を押さえた」などは、手や唇の感覚まで伝わることもあります。**

体の感覚は特に伝わりやすいので、そのときに戻り、思い出してみてください。

9

「だって・だから」を使えると、一気に説得力がアップする

本文の中で意識して使えると良いコトバ、それが「だって・だから」という接続詞です。この「だって・だから」という言葉を使うときって、大体理由を説明していると思いませんか？

例えば、

「そりゃ失敗するよ～！『だって』初めての料理なのに調味料計ってないんでしょう？」
「毎日顔パックすると肌バリアが低下すると言われています。『だから』私はやりません」

など、きちんと説明が入るはず。この説明が入ることで、よりお客様に具体的な内容をお伝えできるとともに、説得力が上がります。

普段、何かをおススメされたときも、ただ良いよ！と言われるよりも**「なぜそれが良いのか」をきちんと説明してもらったときの方が、その商品への信頼も興味も上がります**よね。

直接会って話せる友人であれば別の機会に良さを伝えることもできますが、SNSの世界では、次に会える保証はどこにもありません。むしろ、初めて触れていただいた記事が印象に残らなければ、次に見かけたところでクリックしてもらえる可能性は低いと考えるのが妥当。

そういう意味では、**1記事勝負とも言えてしまう**のです。

その1記事で少しでも印象に残るように、ためになったと思っていただけるように、ぜひ「だって・だから」などの接続詞を使って、理由とともにお伝えしてくださいね。

10 造語やネーミングで印象を残してインパクトを与えよう

コトバというのは面白いもので、そのコトバや漢字が持っているイメージだけでインパクトを与えてくれます。実際、ネーミングによって売上を大きく変えたケースは、これまでもたくさんあります。

例えば、以前は「三陰交を温めるソックス」という名前で売られていたものを別のネーミングに変えたところ、売上が17倍になった商品があるのですが、何か分かりますか？答えは「まるでこたつソックス」です。一時期手に入りにくいくらい、人気商品となりましたね。

三陰交とは、くるぶしの少し上にある冷え性におススメのツボらしいのですが、三陰交と言われても知らない方も多く、イメージがつかなかったのだと思います。ところが、こたつと言われたらどうでしょうか？ 温かく、ぬくぬくしたイメージがつきませんか？ 特に「温かい」などの言葉を使わなくても、勝手にイメージをつけてくれる。これが言葉のすごいところ。

ここからは、この言葉の力を借りて、お客様の印象に残るような造語（ネーミング）の作り方を3つ、お伝えします。この造語は、記事の中でも講座のタイトルなどでも使えますので、ぜひお気に入りを見つけてくださいね。

今回お伝えしていくのはこちらの3つです。

1 コトバとコトバをかけ合わせてネーミングを作る
2 漢字を置き換える
3 印象から言葉を合わせて作る

1 コトバとコトバをかけ合わせてネーミングを作る

発売からもうすぐ30年になるお馴染みの「じゃがりこ」ですが、名前の由来って何だか知っていますか？「じゃが」はじゃがいもだと想像がつきますが、「りこ」って何だと思いますか？ 実は、開発担当の方のりかこさんというご友人が試作品を美味しそうに食べているのを見て、「じゃがいも＋りかこ＝じゃがりこ」になったんだそう！

他にも「ユニーク＋クロージング＝ユニクロ」「ポケット＋モンスター＝ポケモン」など、コトバとコトバをかけ合わせて新しい言葉を作る手法は、企業でもよく使われています。例えば私たちの講座であれば、

「ビジネス＋マインド＋プロデュース＝ビジマイデュース講座」
「彼氏＋恋愛＋スパイラル＝彼恋スパイラル！」

なんて言葉が作れるかもしれませんね。

いろんな言葉をかけ合わせてお気に入りを見つけてくださいね！

2 漢字を置き換える

これが一番簡単かなと思いますが、既にある言葉の漢字を置き換えるやり方です。

成功→成幸（幸せに成る、成幸を求めていきましょう！）
大金→泰金（安泰にお金が入ってくる泰金を目指しましょう！）
美容→美妖（妖精のような美しさを手にしよう！）

など、本来の漢字から一部を変更して別の言葉を作る方法です。**この方法を使うときは（ ）の部分で伝えたように、その言葉に込めた意味を説明してあげてください。**成幸なんかは割とよく使われるので説明しなくても大丈夫ですが、まだあまり知られていない場合には、きちんと意味も説明してあげることで記憶に残りやすくなります。

3 印象から言葉を合わせて作る

私が個人的におススメしたいのが、この印象から言葉を合わせて作る方法です。

「集客したいなら、センターピンを狙え！」
「博打集客はもうやめませんか？」
「理想のお客様だけで満タン集客する方法」

これまで私が使ってきた一部ですが、**これを作るコツは「伝えたい状態をイメージすること」**です。

例えば最初の「センターピンを狙え！」。集客ってついたくさんの人に売りたい！と思ってしまいますが、まずは目の前の1人を救うことが大事だと言われていますよね。1人を救えない商品はたくさんの人を救えない、というのも同じですが、1人が悩んでいる後ろには、同じことで100人が悩んでいると言われています。これを想像したときに、「悩

んでいる人の後ろにはたくさんの人が並んでいる↓ボーリングのピンみたいだな！」と気づき、「センターピンを狙え！」という言葉を使いました。

「博打集客」という言葉も、申し込みのたびに一喜一憂しながら集客するのは嫌だよな……と思ったときに、同じような状況はないかな？と考えました。「当たったり当たらなかったり……なんかギャンブルみたいだな」と思いついたのですが、「ギャンブル集客」だとなんとなくパチンコなどのイメージが浮かんでしまったので、別の言葉を探し、「博打集客」という言葉にしました。

このように、**最初に思いついた言葉がピンと来ないときでも、諦めずに別の言葉を探してみてください**。思いつかないときは類義語辞典で調べてみると、新たな言葉が見つかると思いますので、やってみてくださいね。

自分で思いつくのはハードルが高いなと感じた場合には、タイトル付けのときと同様に、本のタイトルを参考に作り替えるのもいいでしょう。例えば、

・感情地図
・熱狂顧客
・頭ほぐし
・たるみリフト
・美容の救急箱

これらは実際にある本のタイトルなのですが、これを自分の業界で使われる言葉に変えて使えるかを検討してみても良いでしょう。

・満席地図
・熱狂開運
・心ほぐし
・感情リフト
・お金の救急箱

このように置き換えられないか、ぜひやってみてくださいね。

実はコトバというのは、ふとした時に思いつくことが結構あります。

私も娘のお弁当作りの最中や運転中などに急に思いつくことが多々ありますし、生徒さんからも突然思いついたという声はよく聞きます。

そういうときはぜひ、**スマホに音声録音やメモ機能を使って記録しておいてほしい**のです。

というのも、私たち人間は20分後には42％を忘れ、1時間後には56％、1日で74％を忘れると言われています。そう、たった1時間後には半分以上を忘れてしまっているのです！

良い案を思いついたから後で書こう！と思っていても、いざ書こうと思ったときには忘れてしまって思い出せない……私も何度も経験していますが、それではもったいないですから、記録する癖をつけておきましょう。

11 「伝える」と「伝わる」の違いを理解しよう

基本の5ステップに慣れてきたらぜひトライしてみてほしいポイントをお伝えします。

私たちは日々配信を頑張っていますが、「伝える」と「伝わる」というのは実は全然違います。**私たちが意識しておかないといけないのは「伝わる」か。**ベネフィットもお客様に「伝わる」ために必要なものなのですが、そもそも両者は何が違うのでしょうか。

伝える ↓ **一方的に話すだけで成り立つ**

伝わる ↓ **相手が受け入れて初めて成り立つ**

ドラマのシーンでもよくある「これ、明日までにやっておいて！」と上司にいきなり言われて納得できないやつ、これは「伝える」ですよね。

申し送りがうまくいっていないときの「○○さんに伝えておいたけど？」「いや、聞いてないですが……」なんてシーンも「伝える」です。

どちらも一方的に伝えているだけで、相手の気持ちは関係ない状態。**これだと相手の気持ちは動きません。**

以前、まさにこれだな〜と思った我が家の事例があります。

当時5歳だった娘が、習っていた体操教室を「やめたい」と言ったことがあります。理由を聞いたら「逆上がりができないから」とのこと。娘が通っていた園では、ある行事が逆上がりから始まるので、体操教室でもその時期はずっと逆上がりを練習していました。できる子が増えていく中で、自分がまだできないことにいろいろ思っていたようなのですが、それを聞いた夫は、

「そんな、できないからって逃げるクセを今からつけるな。逃げてたらもっとできないぞ。パパはそんな理由でやめさせないからな」

と言ったのです。私もすぐに諦めるクセはまだ付けてほしくないと思いましたし、できるようになってほしいという気持ちは夫と同じでした。でも、それを聞いた娘は納得したかと言うと、もちろん納得はせず、もっと行きたくなくなったのです。

なので、夫がいないときにもう一度娘と話をする中で、**私は娘にとってのメリット・デメリットを考えてこう伝えました。**

「本当に逆上がりができないままやめていいの？　できなかったら本番でもっとイヤな思いをするんじゃない？　だったら体操教室の方がしっかり教えてもらえるから、そこでできるようになった方が良いとママは思うよ。今はできなくても、自転車に乗れるようになったみたいに、娘ちゃんならできるようになると思うよ。できるようになって、それでもやめたかったらいつでもやめていいよ」

全てを納得したかは分かりませんが、娘は自分から「行く」と言い出し、最終的には逆上がりができるようになりました。そして、「次は連続逆上がりをできるようになりたいからやめないよ」とその後も続けています。

自分の気持ちをストレートに伝えても、伝わらないこともたくさんあります。私たちの商品でも「講座を受けたら絶対に変わるのにな」と思うことは何度もあるはず。でもそれを「この講座を受けてください」と言ったところで伝わりません。**必要なのは「講座を受けてみようかな」と思ってもらえるように伝わる配信をしていくこと。**

今回の娘のケースでは、娘は自分だけできなくて注目されるのは苦手なタイプなので、あえてできないと本番にもっとイヤな思いをするというデメリットを交えて伝えてみました。しかし、これが1人だけできなくても全く気にしないタイプだったら、同じ言葉を伝えたところで全く伝わらなかったはずです。

このように、例えば個別相談に誘導したいときも、**性格によって響く言葉は変わってきます。**

A「1人で悩み続けていても、ますます苦しくなってしまいませんか？　ここまでメルマガを読んでくれている誰よりも大切なあなただからこそ、もうこれ以上傷ついてほしくありません……その苦しい気持ち、そっと私に話してみませんか？」

B 「あますことなくお伝えしているつもりですが、どうしても1つだけできないことがあります。それは、あなただけの解決策をお伝えすること。他の人の成功法則があなたに合っているとは限りません。解決策が見つからないのなら、今のあなたの中には解決策がまだないということ。ないなら見つければいいのです。2人で一緒に抜け出していきましょう」

C 「個別相談に来ないなんて、正直バカだと思います。そのくらい、私はあなたに適切な答えをお渡しできます」

どうでしょう？ A と C では同じ募集でも、全然違いますよね。A は寄り添ってもらいながら進みたい、不安がちょっと大きい方に響きそうですが、C は「だったらその実力、見せてもらおうか！」と言いそうな方の心を捉えそうです。

十人十色だからこそ、あなたと理想のペルソナさんの性格に合わせて言い回しを考えることも、ライティングスキルの1つです。基本を押さえてからで構いませんので、ぜひ考えてみてくださいね。

12

LINEやメルマガへの登録率を上げるマル秘テクニック

この章の最後に、投稿からLINEやメルマガの登録へ誘導する際におススメな、マル秘テクニックをお伝えします。

ブログであれば文章の終わりに、インスタであれば最後の1ページで、リストへの誘導をかけることが多いかと思います。この際に**意識すると良いのが、「本文から繋げたままリストへ誘導すること」**です。

例えば「売れる！ 読まれる！ タイトル付けポイント30選」の特典をLINEにつけたとします。

A 本文～ 本日もお読みいただきありがとうございました。

ＬＩＮＥで売れる！ 読まれる！ タイトル付けポイント30選プレゼント中！（バナー）

B **本文～** ＳＮＳ集客を成功させたいのであれば、お客様が惹きつけられるタイトルを付けられるようになることは、もはや最低条件です。あなたが今、タイトル付けが上手にできない・苦手意識があるならば、タイトル付けのコツ30選をまとめてプレゼントしていますので、今すぐ受け取って売れるタイトルを付けられるようになってくださいね！（バナー）

あなたがタイトル付けに迷っていたら、どちらを読んだら「とりあえず特典をもらってみるか」と思うでしょうか？ 多くの方は、**B**の方がもらってみようと思ったはずです。なぜなら、**B**の方は**「受け取る必要性」を伝えている**からです。

- あなたの苦手な部分を解決できる方法をまとめてあるからもらってね！
- 今のあなたにとって必要だから受け取ってね！
- 受け取らないと損だよ！ 受け取ったら解決できるよ！

など、必要性を伝えるとともにそのまま誘導までかけてしまうのです。

実際、このやり方を始めてから、ただ特典をつけていたときと比べて、リスト率が倍になった生徒さんもいるくらいです。

リストに繋げたいときは、必要性とともに伝えるこの方法は本当におススメなので、ぜひやってみてくださいね。

第6章

リスト配信のコツと募集・ノウハウよりもビジネスに大事なこと

1

普段の配信とLINEやメルマガはどうやって差別化する？

生徒さんやご相談に来てくださった方から「普段の配信とLINEやメルマガは、どうやって差別化をしたらいいいですか？」というご質問をよくいただきます。

本来、書いたらダメなことというのはないのですが、ブログやインスタなどのSNSをリストを集めるために使っているのであれば、

ブログやインスタなどのSNS
↓リストを集めるための媒体

LINEやメルマガ
↓信頼関係の構築や教育のための媒体

というスタンスになることが多いかと思います。これを踏まえて、LINEやメルマガの内容として私がおススメするのは、次の3つです。

- **ブログやインスタに書いた記事についての補足・小ネタでの差別化**
- **伝えるのは構わないけど、全世界公開はしたくないこと**
- **ブログやインスタに投稿した記事の周知**

まず、ブログやインスタに書いた記事についての補足・小ネタでの差別化についてですが、**出す情報量で差別化するというのも1つの手**です。

例えば、アメブロにはいいねや読者登録を自動で行ってくれるツールがありますが（外部ツールのため、あくまで自己責任での利用となります）、

ブログやインスタなどのSNS
↓ツールの存在や名前は公開する

LINEやメルマガ
↓実際にそのツールの使い方を公開する

のような形で、公開する情報量で差別化するのです。

LINEやメルマガにご登録くださるということは、既にあなたの業種に興味があるということですから、より詳しい情報やノウハウをお伝えしていくことで、この人の情報量

はすごいな！　という印象を持ってもらえるキッカケにもなります。

また、「ブログで○○について書いたのですが、もう少し詳しく説明すると……」や、「実はあの記事には続きがあって……」など、ブログに書いた記事の続きを書いてもいいでしょう。

次に、伝えるのは構わないけど、全世界公開はしたくないことについてです。

これは言葉通りなのですが、SNSは海外に住んでいる方にも見てもらえる反面、全世界配信です。私たちの経験を踏まえて伝えましょうと言っても、なかには表立って伝えたくないことの1つや2つはありますよね。興味のある人には伝えてもいいけど、全公開は嫌だな……という想いや情報があれば「ご登録くださっている皆様だけにこっそりお伝えすると……」と前置きを書いたうえで配信するといいでしょう。

そして3つ目、ブログやインスタに投稿した記事の周知についてです。

LINEやメルマガにご登録くださった方の多くは、元の記事を見なくなる傾向にあります。インスタのように気軽にフォローができて、自動でフィードに出てくる媒体であれば、普段の投稿を見てもらえる可能性はあります。しかし、特にブログでは、LINEやメルマガで勝手に配信が届くようになると、わざわざ自らブログを見にいくというアクションをしなくなる傾向にあります。

ですので、**「ブログやインスタでこんな記事を書いたのですが」とリンクを貼り、ブログやインスタの投稿を見てもらえるように促す配信のやり方**です。

ただ、一度に何個もリンクを貼ってしまうと、見にくくなってしまいますし、お客様もどれを読もうか悩んでしまうので、多くても紹介するのは3記事程度にとどめておくことをおススメします。

2 ノウハウだけを伝えればいいわけではない！

リストに入ってくださったお客様は、基本的にはあなたの業界に興味を持ち、数ある同業さんの中からご登録くださっています。じゃんじゃんエコヒイキしてOKなのですが、ノウハウだけをお伝えしていればいいかというと、そうではありません。

この本の最初にもお伝えしましたが、今はこれだけの情報社会、あなただけが持っている情報というのはほぼないに等しく、お客様は「最終的には人」で選んでいます。

私たちの人柄を知ってもらうためにも、**どんな価値観を持っているのか、この先のヴィジョン、私生活なども交えて伝えていくことで、少しずつお客様との距離を縮めていきましょう。**

お客様は、共通点を見つけると一気に距離を近づけてくださります。リアルでも、初めての人同士が集まったときには、出身地や子どもが同学年などの共通点を見つけると、そこから会話が始まりますよね。**最初はノウハウにしか興味がないお客様も、ある程度の回数を重ねていくと、私たち書き手に興味を持ってくださるようになります。**

YouTuberのVlogやモーニングルーティンが人気なのも、興味のある人がどんな生活をしているのか見てみたいという気持ちからなのだと思います。

ですから、ノウハウだけではなく、自分がやらかした話、家族との会話の中で感じたこと、趣味などを小ネタ的に挟みながら配信できるのもリストならではです。

ただ、**割合としては、お役立ち情報8、私事2くらいにしておくとよい**でしょう。

ぜひお客様との距離を近づけていってくださいね。

3

募集をかけるときは、どんな配信をしたらいい？

「募集をかける前はどんな配信をしたらいいですか？」というのもまた、よくいただくご質問です。まず募集に関しての予告ってどのくらいしたらいいか、ご存じですか？

「最低15回」と言われています。こう伝えると「えっ、15回も配信してしつこくないですか?!」と言われるのですが、思い出してください。お客様は私たちの配信を、基本見ていません。最低15回ですので、早い方だと2〜3か月前から募集に向けて動いています。しつこいと思うくらい全部の配信を見てくださっている方は、もう隠れファンレベル。そんなに読んでくださってありがとうございます、と心から感謝していいのです。

もちろん、それだけ配信するとブロックも増えます。ブロックされると悲しい気持ちになるのも正直なところですが、私たち書き手が目を向けるべきなのは、たくさん配信しても残ってくださっている方々。ブロックされた方には、今までありがとうございました！という感謝の気持ちは持ちつつも深追いはせず、どこにフォーカスすべきかを意識してくださいね。

ブロックされたからと言って、あなた自身が嫌われたわけでも否定されたわけでもありません。今はまだ、お客様にとってあなたが提供しているものが必要ではなかっただけ。ご縁があれば、またご登録いただくこともありますよ。「ブロックが増えた＝あなたが悪い」では決してありませんので、ブロックが増えて配信するのが怖くなってしまった……という状態から抜け出せなくならないようにだけ、注意してくださいね。

ではその15回の中で何を配信していくのか、一番良いのはやはり、

「その商品によって変わったお客様の変化を見せること」。

アマゾンや楽天などでネットショッピングをするとき、レビューを見て買うか買わな

いかを判断することはありませんか？　レビュー数順に表示できる機能があるくらい、レビューというのは購入時の判断材料になっています。「メーカー側が良いことを言うのは分かっているの、だからそれを実際に使った人の声を知りたいの！」というのが購入側の心情です。

全く同じ商品を提供したものでなくても、**あなたの商品を通して変わった方がいる場合には、その変化を最大限見せていきましょう。**

そしてその他に見せていくと良いのが、

- **講座を通してあなたが伝えていきたいこと**
- **講座に対しての熱い想いや今後のヴィジョン**
- **講座で得られるベネフィット**
- **講座を受けないデメリット**

です。**私たちが一番心を動かされるのは、間違いなくその人が頑張っている姿に感銘を受けたとき**です。あなたが一生懸命に伝える姿、諦めずに伝え続ける姿、熱い想い。何度も、何度でも伝え続けてください。

最低でも募集1週間前は、毎日投稿をしましょう。募集日にはリマインド配信をすることで、お客様の「忘れてた！」を防げます。残1名や満席になったときには、すぐに配信でお伝えしてくださいね。

とにかく「この募集、盛り上がっているんだよ～！」というのを伝えていくのが大事です。人は、エネルギーの高い場所・高い人に惹きつけられていきます。あなた自身が全力のエネルギーをかけて配信を続けていくことで、少しずつあなたの一生懸命な姿に感銘を受け、気にかけてもらえる機会が増えていきますよ。

今回は見送ったとしても、次回の募集までにファンになってもらえる可能性も十分にありますから、目先の反応だけに囚われず配信し続けていきましょう。

例として1か月かけて動く場合のスケジュールをお伝えしますね。

1か月～3週間前

↓講座の募集をかけることをやんわり伝える。

どんな講座に興味があるかなどアンケートを取るのもおススメ。

2週間前

↓お客様の変化を見せつつ「今、悩んでいるその○○、講座で解決できるからチェックしてね」等、講座募集に繋げた配信を心がける。

1週間前

↓毎日投稿で変化やヴィジョン、ベネフィット等を熱い想いとともに伝える。3日前くらいからカウントダウンを始めるとなお良し。

当日

↓募集前のリマインドは忘れずに。募集後は残1・満席などは逐一配信を。

最終日

↓本日で終わる旨をお伝えする。最後まで諦めず、午前・午後などで2回配信しても良し。募集終了時間をきちんとお伝えしておく。

募集後

↓募集にお付き合いいただいたお礼とともに、普段の配信へと戻していく。

実際は、この他にも気にかけることはいろいろあるのですが、大まかな目安として、参考にしてくださいね。

4

お客様が求めているのは、完ぺきな商品ではない

先ほど、人が一番心を動かされるのは、その人が頑張っている姿に感銘を受けたときだというお話をしました。

私たち売り手側は「完ぺきな商品じゃないと売れない」と思いがちですし、自分が売れない時期は「売れる人は完ぺきだから売れているんだな」と思っている人が多いのではないでしょうか。

もちろん、提供者として完ぺきを目指すのは素晴らしいことですし、少しでも良いものを提供していきたいですよね。でも、完ぺきだから売れるというのもまた、少し違うと思っています。

あなたは、もし目の前に、

・経験は豊富だけど愛想が悪くてつっけんどんな人
・経験はまだ少ないけど、とにかく一生懸命で情熱が伝わってくる人

の2人がいた場合、どちらの人から商品を購入したいと思いますか？

多くの人は、後者なのではないでしょうか。


ここからは、以前、夫が車を購入した時のお話です。

うちの夫は無類の車好き。車屋さんからしたら、いろいろ聞かれて面倒なタイプだと思います（笑）。

そんな夫が、ふらっと試乗に行き、見積もりを取ってくれた担当さんは、当時まだ新人でした。しかも、そんなに車に詳しくないという状態。条件だけ見たら、車に詳しいお客さんと、そこまで知識のない新人営業さんです。売れそうにないですよね。

でもその担当さんは、とても一生懸命で、私たちにこう伝えてくれました。

「正直僕は車にそこまで詳しくないし、知識もありません。でも、分からないことは聞きに行きますので、ぜひ教えてください」。

ヘタに嘘をつくわけでもなく、正直に自分のことを話す彼に「確かに知識はまだかもしれないけど、一生懸命だから全然印象悪くないよ」と上から目線で私に言った夫。最後は夫婦で気持ちよく、彼だからその車を購入しました。その車は当時のラインナップの中で一番高い車でした。そのときに彼が、

「この車を初めてご購入いただけた今日のことは、この先もずっと忘れないと思います」

と言ってくれたことは、私たち夫婦も今でも覚えているくらい心に響きました。

知識や経験で言えば、彼よりも上の方はたくさんいるでしょう。でも私たちが、彼だから買おうと思ったのは、彼の知識よりも、私たちのために何度も上司と私たちの間を行き来して頑張ってくれた姿に感銘を受けたからなのです。

条件というのは、参考にはなるものの、それが決定打ではありません。最後はやっぱり、人で選ばれる。だからこそ**私たちは、完ぺきな商品よりも、完ぺきを目指して立ち向かう姿を伝え続けていく**のです。

キレイごとだけじゃない、時にはくじけそうなことも、泣き言を吐きそうなことも、正直な自分であっていい。**それでも伝えたいことがあるのだということを、コトバと態度で伝え続けることが、どんなノウハウよりも一番重要なこと**なのです。

今は動画やライブ配信も主流となってきましたが、最初は誰でも初心者です。既に成功している方の動画と比べても仕方ありません。コツコツと続けていくことが、一番の成長に繋がっていきます。

もちろん、売れるためのテクニック要素を入れていく必要はありますが、全てが完ぺきになってから始めることはできませんから、まずは初めの一歩を恐る恐る踏み出してみましょうね。

5 伝える側としてこれだけは押さえておきたい信念

この本をここまで読んでくださった皆様の多くは、自分の商品を通して「先生や講師」という立場になる方が多いのではないかと思います。そんな私たち講師側は、ただノウハウややり方を伝えて終わりではダメなのです。そもそも、ノウハウを知るだけでよいのなら教科書や参考書で十分なはず。お客様に直接お伝えできるからこそ、そのノウハウを通して、そのお客様だから得られること・可能性があることを一緒に見つけていく。

その中で、私たち提供側の価値観や生き様など、生徒さんよりちょっとだけ先を歩いているからこそ伝えられることなども、どんどんシェアして一緒に前に進んでいきましょう。

そのときに大事なこと、それは、

「誰よりも、生徒さんの可能性を信じる存在であること」。

生徒さんがなかなか前に進めないとき、悩んでいるとき、

「あなたなら大丈夫だと、私は信じているよ」

そう伝えてあげられる存在であること。私たち講師側が、生徒さんの可能性を信じなければ、どんなに良いノウハウを持っていても活かすことはできません。

逆に言えば、**この人のことを誰よりも信じようと思える人じゃない場合は、商品を売らない方が賢明**です。

起業初期は、売上を伸ばすために来ていただいたお客様は全員引き受けるときもあるでしょう。ですが、それをいつまでも続けていても苦しくなるばかりです。経営者として売上に目を向けることは大事ですが、売上だけにフォーカスするビジネスは、どんどん苦しくなっていきます。

私たち側も、お客様側もｗｉｎｗｉｎな関係であること。そのために一番大切なのは、信頼関係を築けるかです。せっかく自分でビジネスをするのですから、気持ちよく提供したい人とのご縁を繋いでいきましょう。

6

結局一番大事なのは、ノウハウよりも自分の心と向き合うこと

ライティングについての本なのに、最後にお伝えするのがライティングノウハウではないということに驚く方もいらっしゃるかもしれませんが、私がビジネスにおいてどんなノウハウよりも大事だと思っていること。それは、

「自分の心と向き合うこと」です。

起業しようと行動し始めるとき、本気で稼げるようになろうと覚悟を決めて学び始めるとき、なかなか目に見える成果が出ずに挫けそうなとき、そして売上が出るようになってからは維持していくとき……どんなときでも「私なら乗り越えていけるんだ」「私は目標を絶対達成できる人間だ」という**自己信頼がないと、目の前の怖さや辛さに負けてしまい**

ます。

新しいことを始めるとき、必ずそこには恐怖や不安があります。乗ったことがないジェットコースターに乗る前って怖いですよね。暫く下で眺めていても、怖さがなくなることはないはず。でも、**上からの景色を見られたり感想を言えたりするのは、「乗ってみよう」と自分で決めて、最終的に乗った人だけ。**隣の人に手を繋いでもらいながらでも、乗った人にしか見えないものがありますし、経験したからこそ、語るときに感情が乗ります。

起業でも、起業塾に入るときや、何かに投資をするときは、怖さが伴います。でも、怖くて当たり前なのです。お店で商品を買うときと違って、お金を払ったら必ず手に入るわけでもないですから、余計に不安になります。私も何度もその恐怖と戦ってきた側なので、その気持ち、分かるつもりです。でも、**怖くても、踏み出した人だけが見える世界がある**のです。

起業は0から1を作り上げる時期が本当に一番大変です。最初はやるぞ！という意気込みだけでできていることも、行動量に比例しない反応や売上に、多くの人がやる気を失ってしまう時期があります。そうなると、目先の苦しさだけしか見えなくなってしまい、結果として諦めてしまう。

諦めることが悪いと言いたいのではないのです。本気でやって、やりきった結果、私には起業じゃなかったと気づいたのなら、それは決して無駄ではありません。やったからこそ分かったこと。その気づきは大切な経験です。

でも、**本気を出しきらないうちに諦めてしまうのは、実はあともう一山さえ越えればゴールだったかもしれないのに、とてももったいないこと**だと思うのです。

多くの人は、大人になるにつれて夢を諦めていきます。もう歳だから、子どもがいるから。でも、**自分の可能性を自分が信じれば、いつでも、いつからでも、どんな境遇でも変えていける**と私は信じています。

起業に限らず、何かにチャレンジする中で、楽しいことしかない！ということは、ほぼありません。大谷選手やイチロー選手が、一度も苦労せずあの地位にたどり着いたでしょうか。表に見せないだけで、練習したくない日も、悔しい想いをした日もあったはずです。それでも続けてきたから、今があると思いませんか。

このSNSの世界も、続けていく中で苦しくなること、投げ出したくなることがあるかもしれません。そんなときはぜひ、**あなたの心と向き合ってみてほしい**のです。

辛いなんて思っちゃいけない！　なんて否定する必要はありません。存分にその辛い気持ちを受け止めてあげてください。「こんなに頑張っているのに結果がついて来ないんだから、そりゃ辛いし投げ出したくもなるよね」「それでもよく頑張ってるよ！」と、誰よりもあなたがあなたの味方でいてあげてください。時には1週間〜1か月くらい休んでリセットするのもいいでしょう。その上で「私はどうしたいの？」と自分と向き合ってみてください。

起業を目指したとき、あなたには叶えたい夢があったはずです。稼げるようになって○○に行きたい、＊＊を手に入れたい、こんな生活がしたい。起業はお客様のお悩み解決と言われますが、**あなたを突き動かすのは、あなただけが持っている「私欲」**です。存分に私欲を思い出して浸ってください。そして、その夢をまだ叶えたいか、叶えたいのであれば、またそこから立ち上がってください。1人で続けることが難しければ、メンターや仲間がいる環境に身を置くことで行動できる方も多いので、検討してみてください。

配信にはエネルギーが乗るとお伝えしましたが、書く前からエネルギーが高い状態で書きましょうということではありません。書いているうちに、エネルギーが乗っていくことも十分にあります。乗り気じゃなかったけど、なんとなくやっているうちに楽しくなってきた！　なんてこと、よくありませんか？　まずはパソコンの前に座り、1行でもいいから書いてみてください。辛いときに「あと何か月続けるのだろう……」なんて先を見たら苦しくなる一方です。**あと1日だけ夢のために頑張ってみよう、この積み重ねで良い**のです。自分の心と向き合いながら、あなたなりの継続の方法を見つけてくださいね。

たまに「あずささんだからできたんですよね」と言われることがあります。でも私はもともとマインドが強いわけでもないですし、境遇が良かったわけでもありません。キラキラしているわけでもなく、憧れの存在になるような見た目でも中身でもありません。幼少期は母子家庭育ちで、HSP気質です。20代半ばまでは、「なんで私の人生はこんなものだろう」と本気で思っていました。安定が全てと会社員を望み、仕事がなくならないという理由から介護士をやっていたような私が、突然飛び込んだ起業の世界。

今の私だけを見ていたら、好きな時間に好きな場所で自由に仕事をしているように見えるかもしれません。でも実際は、成果が出るまでの3年間もがき続け、悔しくて泣いたことも、自分の不甲斐なさに自分を責めたことも、諦めかけたことも何百回もあります。違うとすれば、**それでもまた立ち上がり、プロの力を借りながら行動し続けてきた、それだけ**です。

そういう意味では起業を目指したあのときに、私は初めて自分の心と約束し、最後まで諦めずにやり遂げると決めて一歩を踏み出したのかもしれません。だから私は、全然特別な人間ではないのです。ダイエットも毎年新しく買う手帳も、三日坊主で終わってしまうようなぐうたら人間です。そんな人間でも起業を目指せたのは、間違いなくSNSのおかげです。こんな私でもできたのですから、あなたにも必ず可能性はありますよ。

6年前、まさかこんな私がビジネスを通してたくさんの方とのご縁をいただき、こうして本を出版させていただけることになるなんて夢にも思いませんでした。今の現実に、私自身が一番びっくりしています。

人生なにが起こるか分からないといいますが、何を起こしたいかは自分で決めていいのです。あなたは、どんな変化を人生に起こしていきたいですか？

どんなノウハウを前にしても、あなたがあなたのことを誰よりも信頼し、可能性を信じてあげないと活かせません。自分の枠を勝手に決めないで、思い込みを外すこと。どんどんチャレンジしていきましょう！

最後に、私の座右の銘となっている言葉をシェアして終わりにしたいと思います。これは、私が初めて起業を目指したときに、億単位で稼がれていた憧れの方から教えていただいた言葉です。

「集客のために配信をした瞬間から、あなたはもう社長なの。社長として自分のビジネスをどう軌道に乗せていくのか、どう会社を維持させていくのかは常に考えていくことが大事。社長が頑張っていない会社は繁栄しないの。既に自分は社長なのだという自覚を持って頑張ってね」

まだ、これから起業をするという段階で、社長どころか千円も自分で稼いだことのないときにいただいたこの言葉。正直、社長なんてピンと来ていませんでしたが、常に頭の中に置いていて、今では生徒さん達に継承しています。

この本をここまで読んでくださったあなたも、既に社長さん。いつか直接お会いできることを楽しみに、私も精進していきます。

さぁ、あなたを待っているお客様と繋がるために、さっそく配信していきましょう！

＼ 本書をお読みくださったあなたへ ／

感謝の気持ちを込めて
プレゼントのご案内

私、荒井あずさより、感謝の気持ちを込めて
プレゼントをご用意させていただきました！
ぜひご活用ください。

● プレゼント内容 ●

特典1

＼ さらに配信がお客様の心に刺さる？！
セールスにも使える！ ／

7つの顧客心理　特別動画

特典2

＼ 選ぶだけ！今すぐ使える ／

パワーワード50選（PDF）

詳細は下記よりアクセスください

https://1lejend.com/stepmail/kd.php?no=eEvnopIRnM

※特典の配布は予告なく終了することがございます。
※動画、PDFの資料はインターネット上のみでの配信となります。
※このプレゼント企画は荒井あずさが実施するものです。
　プレゼント企画に関するお問い合わせは「newliferas@gmail.com」までお願いします。

おわりに

ここまでお読みいただき、本当にありがとうございました。
「いつか本を出したい！」ここ1〜2年ずっと思っていた夢が現実になったこと、今でも信じられません。ぱる出版の岩川さんから初めてご連絡をいただいたとき、私はディズニーランドに着いた瞬間でした。夢の国の魔法なのか、夢が叶うかもしれない現実になのか、何に感動しているのかはわからないけれど、涙が止まらなかったのは今でも鮮明に覚えています。たくさんの先生方の中から選んでいただけたこと、本当に感謝しています。

そして、娘へ。「ママ、ほんをだすんだよ、ゆめがかなうんだよ」そう伝えたときに、「よかったね！」そう一緒に喜んでくれてありがとう。私は決して良い母ではないけれど、夢は叶えられるという背中を、これからも見せ続けます。いつか漢字が読めるようになったあなたが、この本を読んでどんな感想をくれるのか楽しみにしています。あなたが居なければ私はこの仕事に巡り合えなかった。ママの人生を変えてくれてありがとう。

私の事務全般どころか、私生活までいろいろと助けてくれている奈緒美さんにも、感謝してもしきれません。娘と同じ子供会にいたばっかりに私に目を付けられ（笑）、今ではなくてはならない大切な存在です。これからも家族共々よろしくお願いします。

他にも、今回ポジショニングの部分で公開許可をくれた生徒さんを始め、これまで私の講座を受けてくださった卒業生さん、受講中の生徒さん、メルマガやブログを読んでくださっている読者の方々、自由奔放な私に合わせてくれる家族、そしてこの本を手に取ってくださったあなた。これまで関わってくださった全ての皆様のおかげで、この本は出来上がりました。名前をお一人ずつ書けないのが残念ですが、本当にありがとうございます。

「自分の可能性を自分が信じれば、いつでも、いつからでも、どんな境遇でも変えていける」。自信に満ちたあなたの配信を、これからも楽しみにしています。

２０２３年12月　荒井あずさ

荒井あずさ（あらい・あずさ）

SNS起業家／A-naturas代表

出産を機に起業。初めは成果が出ず起業塾ジプシーに陥るも、読者の心を掴む「惹きつけライティング」を編み出したことにより、広告なし・アメブロのみ・毎日投稿をしなくても、たった1年で年商1000万円を超える。その後も順調に売上を伸ばし、これまでの売上は5000万円を超える。そのメソッドを伝える講座は人気を博し、受講生の74%が最低50万円以上売上がアップするという成果を上げ、月商100万円や年商1000万円超のメンバーも輩出している。アメブロフォロワー数1万人超。

SNS惹《ひ》きつけライティング

2024年3月5日　初版発行

著　　者　荒井あずさ

発 行 者　和田智明

発 行 所　株式会社 ぱる出版

〒160-0011　東京都新宿区若葉1-9-16

代表 03(3353)2835　FAX 03(3353)2826

本書籍に関するお問い合わせ、ご連絡は下記にて承ります。

https://www.pal-pub.jp/contact

印刷・製本　中央精版印刷株式会社

ISBN978-4-8272-1429-1 C0030